나만의
독서록 비법
알려 줄까?

나만의
독서록 비법 알려 줄까?

2014년 6월 13일 1판 1쇄 인쇄
2014년 6월 20일 1판 1쇄 발행

지은이 이미영
그린이 김화빈
펴낸이 구모니카
편 집 장지혜

마케팅 신진섭
제 작 양만익

펴낸곳 M&K
등 록 제7-292호 2005년 1월 13일
주 소 서울시 마포구 서교동 393-5 화승리버스텔 1002호
전 화 02-323-4610
팩 스 02-323-4601
E-mail nikaoh@hanmail.net

ISBN 978-89-92947-70-1 64710
ISBN 978-89-92947-53-4 64710(세트)

이 도서의 국립중앙도서관 출판시도서목록(CIP)은
서지정보유통지원시스템 홈페이지(http://seoji.nl.go.kr)와
국가자료공동목록시스템(http://www.nl.go.kr/kolisnet)에서
이용하실 수 있습니다.(CIP제어번호 : CIP2014017883)

M&Kids는 M&K 출판사의 아동서 브랜드입니다.
아이들의 꿈과 희망을 키워 주는 다양한 책을 출판하고 있습니다.

생각 쑥쑥 시리즈 02

나만의 독서록 비법 알려 줄까?

글 이미영 | 그림 김화빈

M&Kids

"우아, 책이다!"

"얘들아, 나는 책이 제일 좋아!"

"엄마, 이번 선물은 책으로 해 주세요!"

'에이, 그런 사람이 어디 있어!' 이렇게 생각하셨나요? 아니면, '내 얘기잖아!' 이렇게 생각하셨나요? 어느 쪽이든 괜찮아요. 책을 좋아하는 사람도 있고, 쳐다보기 싫은 사람도 있는 건 당연하거든요. 어떤 사람은 과일을 좋아하고, 어떤 사람은 피자를 좋아하는 것과 같답니다.

그런데 왜 어른들은 자꾸만 책을 읽으라고 강요하는지 모르겠다고요?

어느 날 아침에 일어났는데, 오늘은 바다 깊은 곳에서 어떤 물고기들이 사는지 궁금해졌어요. 또 갑자기 캐나다에 사는 친구들은 무슨 놀이를 하고 노는지 알고 싶어요. 그런가 하면 옛날 조선 시대에는 어떤 신발을 신었는지, 어떤 옷을 입었는지, 궁궐에서 일하는 사람들은 각자 어떤 일을 했는지가 알고 싶어졌어요.

그렇다고 해서 내가 바다 속으로 '풍덩' 들어가거나, 당장 캐나다로 날아가거나, 조선 시대로 타임머신을 타고 갈 수는 없잖아요. 어쩌다가 외국 여행을 할 수도 있고, 박물관에 직접 찾아갈 수는 있다고 해도 궁금한 게 생길 때마다 직접 경험을 하기는 어렵다는 이야기지요.

이럴 때 가장 간편하고 쉽게 내 궁금증을 풀어 줄 수 있는 게 바로 책이랍니다. 딱딱하게 자료만 보여 주는 책도 있지만 대부분은 주인공을 따라다니면서 대신 경험해 보는 경우가 많죠. 이런 걸 어려운 말로 '간접 경험'이라고 해요.

이렇게 간접 경험이 풍부한 친구들은 공부는 물론이고 나중에 커서 어른이 되었을 때도 훨씬 멋진 삶을 살 수 있답니다. 그래서 먼저 살아 본 어른들이 책을 읽으라고 자꾸 권하시는 거예요.

그런데 왜 독서록까지 써야 되는 거냐고 묻고 싶은 거지요?

우리의 뇌는 굉장히 커서 많은 걸 담을 수는 있지만, 한번 담은 게 오래 기억에 남아 있기는 어려워요. 책을 읽으면서 슬펐던 것, 기뻤던 것, 짜증 났던 것, 화났던 것, 즐거웠던 것 등 기막히게 멋진 생각을 할 때가 많은데 적어 두지 않으면 그 소중한 생각들이 다 날아가 버린답니다.

그리고 책에 등장하는 주인공이나 주변 사람들의 행동에서 닮고 싶은 것, 닮지 말아야 할 것 등을 생각해 보는 일도 아주 중요해요. 나중에 커서 어떤 일을 하고 싶으냐는 질문을 하면 대부분 돈을 많이 벌거나 유명해지고 싶다는 말은 해도 막상 자신이 무엇을 좋아하고, 잘하는지, 하고 싶은지는 알지 못하는 친구들이 많아요. 책 속 주인공들의 삶을 보면서 나와 비교해 보고 생각을 정리하면서 멋진 어른으로 자라는 게 좋지 않을까요?

독서록 쓰는 걸 어렵게 생각하지 마세요. 어떤 것이든 내 생각을 써 보는 게 제일 중요하답니다. 책을 읽을 때마다 한 줄, 두 줄 내 생각을 정리하다 보면 어느새 공책 한 쪽을 꽉 채울 수 있게 될 거예요.

이미영

등장인물

오늘도 새나는 세계 일주를 꿈꾸며 앞으로 전진!

여행과 먹는 것을 가장 좋아해요.
가장 큰 고민은
"과연 내가 세계 일주를 할 수 있을까?"
왜냐하면 새나는 멋진 남자 친구도 사귀고 싶고
가끔씩은 요리사도 꿈꾸거든요.
그래요, 하고 싶은 것이 너무나도 많은 새나!

홍새나 초등학교 3학년

나, 이렇게 잘생겨도 되는 거니?

이제 막 대학교에 들어갔어요.
책과 음악을 사랑하는 남자랍니다.
잘난 척 대마왕이면서도
별명이 '어린 왕자'.

홍찬솔 오빠

나 좀
내버려 둬!

홍진규 아빠

근면 성실한 구청 공무원이랍니다.
다만, 집에만 오면 빈대떡처럼
쭉 퍼져 버려요.

자, 이제 모두
귀 쫑긋하고 제 이야기 좀
들어 보세요!

살림도 하고 회사도 다니느라 바빠요.
병아리 반 유치원 선생님이에요.

정혜수 엄마

나 생선
아니거든요!

도다리 애완견

아빠가 1년 전 거리에서
주워 온 유기견. 눈알이 튀어나오고
옆으로 퍼져 도다리란 이름을 얻었지요.

차례

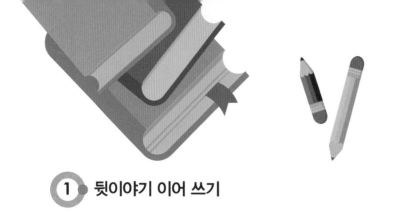

나도 이야기꾼이야!

"새나야, 새나야!"

엄마가 부엌에서 부릅니다. 무슨 큰일이라도 난 듯 말이지요.

나는 침대에 엎드린 채 쥐 죽은 듯 가만히 있습니다.

"새나야, 숙제 다 했어?"

그럼 그렇지! 엄마는 항상 그렇습니다. 숙제, 학습지, 학원 등을 이야기할 때는 꼭 숨이 넘어갈 듯 이야기하지요.

내 귀엽고 아름다운 입이 툭 튀어나옵니다.

솔직히 나는 모든 사람들을 사랑하고 싶은데 그런 마음이 가끔씩 은 사라집니다.

특히 엄마 잔소리가 심할 때 그렇지요.

"새나야, 어제 피아노 학원 지각했지?"

"새나야, 넌 여자인데 왜 그렇게 칠칠맞지 못하니?"

"새나야, 밥 먹을 때 좀 조용히 먹을 수 없니? '쩝쩝'이 뭐니? 네가 도다리야?"

나 참, 비교를 해도 너무하지 않나요? 어떻게 우리 집 애완견 도다리랑 비교를 해요?

엄마는 내게 원하는 것이 너무 많습니다.

공부도 잘해야 하고, 피아노도 잘 쳐야 하고, 또 밥 먹을 때도 예쁘게 먹길 바라지요. 또 어른을 대할 때는 공손한 모습을 보여야 하고요.

하지만 이 모든 것을 잘하는 것은 불가능하다고 생각합니다.

왜냐고요? 나는 '나'이니까요! 아무리 생각해도 내 머리는 공부랑은 거리가 멀다고 생각됩니다. 피아노도 솔직히 얼마나 재미가 없다고요. 참, 고백하자면 난 먹는 것 앞에서는 정신을 차릴 수가 없답니다.

엄마가 하는 말이 있어요.

"넌 어쩜 아빠랑 그렇게 똑 닮았니?"

솔직히 이 말은 칭찬이 아닙니다. 아빠는 모두가 알아주는 게으름뱅이에 먹보 대장이거든요.

그래서 그런지 아빠가 참 불쌍합니다. 그럼 엄마를 닮은, 별명이 '어린 왕자'인 오빠는 어떠냐고요?

흥, 한마디로 잘난 척 대마왕이지요.

"새나야, 새나야!"

이번에는 오빠가 부르네요. 또 무슨 일인지…….

"너 독서록 숙제 있다며?"

정신이 번쩍 들었습니다. 그러고 보니 독서록 숙제가 있었거든요.

오빠가 나한테 약속했어요. 내가 6학년이 되기 전, 책 백 권을 읽으면 해외로 떠나는 배낭여행에 데리고 가 주기로요.

하긴 나보다 아홉 살이 더 많은 오빠는 나를 아주 꼬마 취급을 한답니다. 혼자 세수도 못 하는 줄 안다니까요? 그래서 그런지 모든 숙제도 오빠가 돌봐 주고 있지요.

그리고 고백하건데, 나는 한번도 해외여행을 떠난 적이 없답니다. 하지만 지금도 해외여행을 떠나기 위해 준비하고 있습니다. 매일 운동도 한 시간씩 하고 부족하지만 영어도 조금씩 배우고 있지요.

"지금부터 책 읽을 시간이다!"

"무슨 책?"

"흐흐, 오빠 한번 믿어 봐! 네가 읽으면 좋아할 책이 하나 있으니!"

"좋아, 그런데 정말 여행 갈 때 데리고 갈 거지?"

"자식, 속고만 살았냐!"

오빠는 잘 알고 있습니다. 내가 책 읽기를 아주 싫어하고 독서록 또한 쓰기 싫어한다는 사실을요.

오빠 방 책상 의자에 척 하고 앉았습니다. 그리고 바로 책 한 권이 내 앞으로 떨어졌습니다. 나는 눈을 동그랗게 뜨고 물었습니다.

"이건 무슨 책이야?"

책을 다 읽고 나서도 아쉽게 느껴지는 이야기들이 있지?
만일 나라면 이야기를 이렇게 이어 간 뒤 끝냈을 텐데 하면
서 말이야. 그래서 할 수 있는 방법 중 하나가 뒷이야기 이
어 쓰기야. 쉽게 접근할 수 있는 방법 중 하나지. 이미 끝난
이야기지만 다시 주인공에게 어떤 일이 생겼을까, 또 어떤
행동을 했을까 상상하며 작가처럼 써 보는 거야. 그러면 우
선 책을 꼼꼼하게 잘 읽고 주인공이 무엇을 좋아했는지를
찾아보는 일이 중요하겠지?

새나가 쓰는 독서록

날짜	3월 23일
책 제목	나는 나
지은이	배봉기
출판사	한겨레 출판
제목	꼭 남자다워야 하나요?

∨윤수는 해냈다. 그렇게도 원하던 애니메이션 학원을 다니게 된 것이다. 이 장면은 마치 실제로 일어난 것만 같아서 내 가슴이 다 울렁거렸다. 또 윤수가 앞으로 행복하게 지낼 수 있을 것이란 생각에 저절로 웃음이 나왔다.

　그런데 어떻게 행복하게 지낼까? 그래서 뒷이야기를 지어 보기로 했다.

　윤수는 이제 아무 곳에서나 마음껏 그렸다. 물론 아빠 눈치도 보지 않았다. 그래서인지 윤수는 웃음이 많은 아이가 되었다. 게다가 십자수로 엄마 얼굴을 만들기도 했다. 선생님도 아빠도 모두 놀라 입이 함지박만큼 커졌다. 친구들도 자기 얼굴을 수놓아 달라고 난리를 쳤다. 윤수는 행복했다. 이제는 사내답지 않은 행동이라는 말을 누구에게도 듣지 않았기 때문이다.

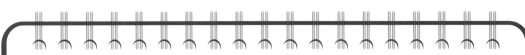

‘∨’ ⋯ 알지요? 첫 문장을 시작할 때는 꼭 ‘들여쓰기’를 해야 합니다.

들여쓰기란 새로운 문단이 시작되는 것을 표시하기 위해 문단의 처음 왼쪽 글머리에 한 칸을 비워 두고 글을 쓰는 것을 말합니다. 그러니 첫 문장이나 새로운 문장이 시작될 때에는 꼭 들여쓰기를 해야 합니다.

꼬꼬리 생각 쑥쑥, 이런 생각은 어때요?

1. 나도 윤수처럼 꼭 하고 싶은 일이 있나요?
2. 하고 싶은 일이 있다면 그 꿈을 위해 어떤 노력을 하고 있나요?
3. 그런데 방해물이 너무 많다고요? 과연 그 방해물은 무엇일까요?

꼬꼬리 지식

‘책의 날’을 아시나요? 4월 23일은 세계 책과 저작권의 날입니다. 1995년 유네스코 총회에서 제정하였지요. 이날은 스페인의 카탈로니아 지방에서 책을 읽는 사람에게 꽃을 선물하던 세인트 조지의 날에서 유래하였다고 합니다. 또한 셰익스피어와 세르반테스가 동시에 사망한 날이기도 하지요. 이를 기념하여 매년 4월 23일을 세계 책의 날로 정했다고 합니다.

책과 관련된 명언은 무엇이 있을까요?

- 하루라도 책을 읽지 않으면 입안에 가시가 돋는다. – 안중근
- 절대로 배반하지 않는 친구를 사귀고 싶은가?

  그렇다면 책과 사귀어라. – 데 발로
- 사람은 책을 만들고 책은 사람을 만든다. – 신용호
- 방에 서적이 없는 것은 몸에 영혼이 없는 것과 같다. –키케로

어린이 여러분, 이 밖에도 아주 많으니 한번 찾아보는 것이 어떨까요?

작가(作家)란 어떤 사람일까요?

문학 작품이나 그림, 조각 따위의 예술품을 창작하는 일에 종사하는 사람.

📖 이 책과 비슷한 책은 무엇이 있을까요?

〈뚱보면 어때, 난 나야〉 이미애 글, 주니어파랑새 펴냄

〈세상에서 제일 잘난 나〉 김정신 글, 소담주니어 펴냄

눈과 귀를 활짝 열어 볼까?

오랜만에 가족 모두가 거실에 모였습니다. 구석에 앉아 장난감 뼈다귀를 핥던 도다리도 텔레비전 앞에 앉았어요.

"오, 우리 도다리도 뉴스에 관심이 많구나!"

아빠가 눈을 찡긋하며 도다리 머리를 쓰다듬었습니다. 하지만 도다리 눈은 내 입을 향하고 있었지요. 왜냐고요? 내가 초콜릿을 맛나게 먹고 있었거든요.

나는 웃으며 말했습니다.

"도다리, 안 돼! 넌 초콜릿 먹으면 이빨 썩어!"

그때였습니다. 가족 모두가 텔레비전 화면을 뚫어지게 바라보며 저마다 한마디씩 했습니다. 텔레비전 속 광경은 말 그대로 전쟁터였지요.

"저런, 저 아이들이 무슨 죄가 있다고 전쟁터에서 죽어 간단 말이야!"

"슬픈 현실이에요. 같은 종족끼리 총부리를 겨누고 있다니요!"

"전쟁은 정말 끔찍해요. 너무도 많은 것들을 빼앗아 가니까……. 특히 아무 것도 모르는 어린이들이 어른들 싸움에 휩싸여 죽는 것을 보면 너무 가슴이 아파요."

텔레비전 속 광경은 너무도 참혹했습니다. 폭탄으로 인해 집과 건물은 모두 파괴되었고 즐겁게 뛰어다니며 놀아야 할 어린이들은 피를 흘리며 길바닥에 쓰러져 있었지요.

순간 내 가슴은 방망이질하듯 뛰었습니다. 어른도 아닌 내 또래의 아이들이었기 때문이지요.

아빠는 뉴스를 보며 설명해 주었습니다.

아프리카에 위치한 르완다라는 나라는 평화로운 나라였다고 합니다. 그런데 1916년 벨기에가 르완다를 통치하면서부터 부족 간에 금이 가기 시작했다고 합니다. 소수의 '투치족'이 다수의 '후투족'을 지배하는 종족 차별 정책을 펼치면서부터요. 또 벨기에는 투치족과 후투족이 서로 미워하도록 부추기기까지 했다고 합니다.

결국 두 부족은 서로를 너무도 미워하게 되었습니다. 1962년 벨

기에로부터 독립을 한 뒤에도 말이지요. 게다가 1994년 4월에 후투족 출신의 대통령이 비행기 격추 사고로 죽는 일이 벌어졌습니다. 이 일은 두 부족 간에 팽팽했던 긴장감을 단 한번에 펑 터뜨리고 말았지요.

두 부족은 기다렸다는 듯 서로를 죽이고 또 죽였습니다. 남녀노소 할 것 없이 모두 말이지요.

"아빠, 그곳에 사는 르완다 사람들을 도와줄 방법이 없을까요? 그리고 아무 죄도 없이 죽어 가는 어린이들을 살릴 수 있는 방법도 있지 않을까요?"

나는 도다리를 꼭 껴안은 채 아빠에게 물었습니다.

아빠는 빙긋 웃으며 말했습니다.

"있지, 왜 없겠어? 우리 새나가 이렇게 가슴 아파하는데……. 혹시 '국경 없는 의사회'라고 들어 봤니? 거기서 하는 일은 말이지, 세계 각지에서 일어나는 전쟁과 자연재해, 기아 등으로 아프거나 다친 사람들을 치료해 주는 곳이야. 인종도 종교도 정치적인 상황 등에도 관계없이 말이지."

나는 속으로 조그맣게 중얼거렸습니다.

'다행이야, 정말 다행이야…….'

"그런데, 너 지금 먹고 있던 초콜릿, 어떻게 만들어지는 줄 알아?"

잘난 척 대마왕이 드디어 입을 열었습니다.

"어떻게 만들긴? 초콜릿 공장에서 만들지!"

"아휴, 내가 그럴 줄 알았다! 그럼 내가 오늘 초콜릿에 숨겨진 슬픈 사실을 하나 알려 주마!"

어리둥절했습니다. 이렇게 맛있는 초콜릿에게 슬픈 사연이 있다니요? 설마, 초콜릿 공장이 내일 당장 문을 닫는다는 건 아니겠지요?

주인공
관찰하기란?

　관찰은 말 그대로 사물이나 어떤 현상을 집중해서 잘 보는 걸 말하지. 그러니까 주인공 관찰은 주인공이 어떤 일을 했는지, 어떤 생각을 하고 있는지를 잘 살펴보는 게 첫 번째 할 일이야. 그다음에는 주인공이 한 일을 기록하고 그 일을 내가 어떻게 생각하고 있는지, 어떤 느낌을 받았는지를 덧붙이면 되는 거란다.

새나가 쓰는 독서록

날짜	3월 28일
책 제목	지구촌 곳곳에 너의 손길이 필요해
지은이	예영
출판사	뜨인돌어린이
제목	마리암, 꿈은 이루어질 거야.

　이제 열세 살이 된 마리암은 코트디부아르 농장에서 벌써 7년째 코코아 열매를 따는 일을 한다. 아침 6시에 일어나는데 조금만 늦어도 등에 소가죽 채찍이 날아오는 일이 많다. 게다가 농장 주인은 학교도 안 보내 주고 배불리 먹여 주지도 않는다. 하지만 마리암은 키가 10미터도 넘는 카카오나무에서 열매를 따기도 하고, 카카오 콩을 꺼내 콩을 발효시켰다가 햇볕에 말리는 일, 거름 주는 일까지 도맡아 하고 있다.

　아침도 못 먹고 마시트라고 불리는 긴 낫으로 잡초를 걷어 내는 일을 하고 나면, 멀건 죽 한 사발과 뻣뻣한 빵으로 끼니를 때운다. 일이 끝나도 개울물을 길어서 흙탕물을 가라앉힌 다음 내일 쓸 물을 만들어 둬야 한다. 팔다리가 쑤셔서 잠도 쉽게 들지 못하고 친구들과 꿈에 관한 수다를 떠는 걸로 고통을 잊어보려 하지만 그 꿈도 이루어질 것 같지 않은 생활이다. 그러던 어느 날 '세이브 더 칠드런'이라는 단체가 코트디부아르 정부에 협조를 구해서 농장으로 수사팀이 파견되었다. 이제 마리암은 빚도 갚고 고향으로 갈 수 있게 되었다. 물론 학교에서 공부하고 싶다는 소원도 이뤄질 것이다. 정말 다행이다. 우리가 맛있게 먹는 초콜릿이 이렇게 만들어진다는 것은 처음 알았다. 나보다 어린 꼬마들이 힘들게 카카오 열매를 따게 만든 어른들이 미워졌다. 아이들은 보호를 해 주면 좋겠다. 앞으로는 초콜릿을 먹을 때마다 마리암이 생각날 것 같다.

꼬꼬리 생각 쑥쑥, 이런 생각은 어때요?

1. 내가 생각하는 행복한 어린이란 어떤 어린이인가요?
2. 어린이가 행복한 세상을 만들기 위해 내가 할 수 있는 일은 무엇이 있을까요?
3. 어린이가 보고 실천할 수 있는 '어린이법'을 만든다면 어떤 법을 만들고 싶은가요?

꼬꼬리 지식

어린이를 도와줄 수 있는 방법과 단체를 알고 있나요? 만약 잘 모른다면 이곳을 꾹! 눌려보세요.

* 유니세프 어린이 후원 단체 www.unicef.or.kr
* 어린이 후원 단체 드림풀 www.dreamfull.or.kr
* 어린이 후원 단체 세이브 더 칠드런 www.sc.or.kr

📖 이 책과 비슷한 책은 무엇이 있을까요?

〈어린이는 어린이다〉 이현 글, 해와나무 펴냄

〈별별 학교 지구촌 친구들〉 수전 휴즈 글, 다림 펴냄

자, 이제 맞히기만 하면 된다고!

"찬솔아, 밥 먹어!"

엄마가 벌써 오빠를 세 번이나 부르고 있지만 오빠는 아무 반응이 없습니다. 분명 책을 읽고 있겠지요? 오빠는 책이라면 자다가도 벌떡 일어나니까요. 아빠 말로는 책과 결혼한 남자라는데…….

드디어 오빠가 나타났습니다. 그런데 머리와 옷은 엉망인데 눈빛만은 초롱초롱합니다.

"또 책 읽고 있었어? 그런데 너무 많이 읽진 마, 눈 나빠진다!"

엄마는 오빠라면 끔찍하지요. 오빠가 무엇을 하든 좋아하니까요. 하긴 오빠는 모범생인 것도 모자라 효자이기도 해요.

참, 이야기했나요? 별명이 '어린 왕자'라고요. 하지만 책을 읽을 때 방해를 하면 곧 '미친 왕자'로 변신하지요.

"새나야, 오빠가 아기였을 때 엄마, 아빠 다음으로 한 말이 무슨 말인지 알아?"

엄마는 오빠를 사랑스러운 듯 바라보며 물었습니다.

나는 입을 비죽 내밀며 대답했지요.

"아휴, 백 번도 넘게 말했잖아요. '책'이라고! 그런데 아빠, 엄마 말이 사실이에요?"

아빠는 잠시 먼 곳을 바라보았습니다. 그러고는 오빠 등을 가볍게 툭툭 치며 말했지요.

"솔직히 난…… 우리 가문에 천재가 태어났다고 확신했다."

세상에나! 아무리 오빠가 좋아도 너무 추어올리는 거 아닌가요?

솔직히 약이 올랐습니다. 아무도 내 편을 들어 주지 않았기 때문이지요. 나는 다시 물었습니다.

"엄마, 그럼 난 아기 때 무슨 말 했어요? 엄마, 아빠 말고 뭐 특이한 말 한 거 없어요?"

순간 엄마와 아빠는 서로를 물끄러미 바라보았습니다. 그러고는 동시에 빙긋 웃으며 대답했습니다.

"기차!"

기차라니요? 아무리 내가 기차를 좋아해도……. 하긴 오빠도 '책'

이라고 말을 했다지요?

"지금도 그렇지만, 네가 아기였을 때 기차를 정말 좋아했어. 다른 장난감은 쳐다보지도 않았으니까. 그래서 아빠가 기차 장난감을 많이 사다 줬잖아. 기억 안 나?"

물론 기억이 납니다. 그리고 지금도 기차를 좋아하지요. 뭐랄까, 기차를 타면 또 다른 세상으로 들어가는 기분이 들기 때문이에요. 또 그래서 내 꿈이 세계 일주이기도 하고요.

조금 있으려니 밥만 먹던 오빠가 쓱 고개를 들며 물었어요.

"그런데 너, 세계에서 가장 긴 철도가 어디에 있는지 알아?"

나는 고개를 갸웃거렸습니다.

"그럼 세계에서 가장 큰 나라는 어딘지 알아?"

이번에는 멍하니 오빠 얼굴만 바라보았습니다.

"세계 일주가 꿈인 녀석이 그런 기본적인 상식도 몰라? 지금 물어 본 두 가지 질문의 답이 똑같은데?"

조금은 자존심이 상했지만 오빠 말은 사실입니다. '세계 일주'가 꿈인 것도 사실이고 지리 상식이 없는 것도 사실이지요.

결국 다시 오빠를 따라 서재에 들어갔습니다.

오빠는 서재에 들어오자 다시 수다쟁이가 되었지요. 물론 책 한

권을 내 손에 쥐여 주는 일도 잊지 않았어요.

"세계 최고로 긴 철도는 러시아에 있는 시베리아 횡단 철도야. 러시아가 세계 최대 영토를 자랑하는 나라니, 세계 최장 철도가 있는 것이 당연하겠지? 그리고 놀라지 마. 이 기차는 무려 지구 둘레의 4분의 1을 달린대!"

우아, 나는 입이 함지박만큼 커졌습니다.

도대체 러시아란 나라는 얼마나 큰 나라일까요? 그리고 그 멋진 시베리아 횡단 열차는 언제쯤 탈 수 있을까요?

독서 퀴즈란?

　책을 읽고 난 다음에 새롭게 알게 된 사실들을 친구들에게 질문하듯 퀴즈 형식으로 만드는 독서록을 말해. 기억에 남는 일도 좋고, 잊어버리고 싶지 않은 것들을 문제로 만들어도 좋아. 10개에서 20개 정도 문제를 만들고 답을 스스로 찾아서 써 보는 동안 뇌에 깊숙하게 박히니까 친구들에게 척척박사 소리를 들을 수도 있겠지?

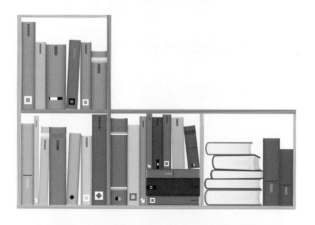

새나가 쓰는 독서록

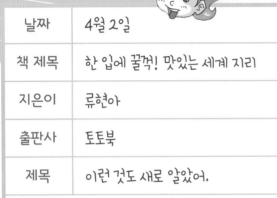

날짜	4월 2일
책 제목	한 입에 꿀꺽! 맛있는 세계 지리
지은이	류현아
출판사	토토북
제목	이런 것도 새로 알았어.

1. 5대양 6대주란 무엇을 가리키는 말일까?

   -5대양: 태평양, 대서양, 인도양, 북극해, 남극해

   -6대주: 아시아, 유럽, 아프리카, 오세아니아, 남아메리카, 북아메리카

2. 세계 지도 속에서 우리나라의 위도와 경도는? 북위 37° 동경 126°

3. 세계에서 가장 긴 나라로 북쪽엔 사막이 있고 남쪽엔 빙하가 있는 나라는 어디일까? 칠레

4. 세계에서 가장 깊은 호수로 러시아의 동시베리아 남부에 있으며, 가장 깊은 곳은 1742미터나 되는 이곳은 어디일까? 바이칼 호수

5. 면적이 1400제곱킬로미터로, 지구 전체 육지 면적의 약 10퍼센트를 차지하고 유럽 대륙보다 3배는 넓어서 '제7의 대륙'이라고 불리는 이곳은 어디일까? 남극

6. 세상에서 가장 큰 바위로, 오스트레일리아의 중앙 사막 한복판에 있는데 튀어나온 모습이 배꼽 같아서 '지구의 배꼽'이라고 불리기도 하는 이 바위의 이름은? 울루루

7. 생물이 살지 못하는 곳으로 1년 365일 중에 330일 정도 강한 햇볕이 내리쬐서 물이 빠른 속도로 증발한다. 흘러나가는 물이 없이 증발만 해서 염분 농도가 30퍼센트로 보통 바다보다 7~8배가 짜기 때문에 사람 몸이 둥둥 뜨기도 하는 이곳은 어디일까? 사해

8. '하얀 러시아'라는 뜻을 가지고 있고, 흰 피부를 가진 이 나라 국민들은 흰색을 좋아해서 흰 옷을 즐겨 입고 담장까지도 하얗게 칠한다고 한다. 어느 나라를 가리키는 말일까? 벨로루시

9. 바다새가 눈 똥이 쌓인 인광석으로 부자가 되었다가 흥청망청 쓰는 바람에 큰 재정난에 빠진 데다가, 지구 온난화의 영향으로 해수면이 높아져 육지가 가라앉고 있는 나라는 어디일까? 나우루

10. 숲이 파괴되고 황사가 심해지고 해수면이 높아져 섬나라들이 잠기는 것은 모두 지구 온난화 때문인데, 그렇다면 지구 온난화는 무엇 때문에 생기는 걸까?
   석유와 석탄 같은 화석 연료와 프레온 가스의 사용이 늘어났기 때문에

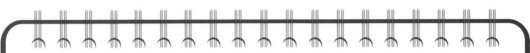

꼬꼬리 생각 쑥쑥, 이런 생각은 어때요?

1. 지구 온난화가 더 심해진다면 지구는 어떤 모습으로 변할까요?
2. 지구를 지키기 위해 우리가 할 수 있는 일은 어떤 것들이 있을까요?

꼬꼬리 지식

퀴즈(Quiz)의 유래에 대해 알고 있나요?

퀴즈(quiz)는 quies에서 변화한 말로, 'qui es?'는 라틴어로 '당신은 누구인가? (who are you)'라는 뜻이라고 합니다. 또한 고전 문법 학교의 라틴어 구술시험 제 1문제였다고 하네요. quiz라는 철자는 1886년에 처음 나타났으며 1867년에 명사형으로 쓰인 예가 있는데 이것은 '이상한 사람'을 뜻하는 슬랭 quiz(quizzical이라는 단어의 어원)에서 비롯된 것이라고 합니다.

 이 책과 비슷한 책은 무엇이 있을까요?

〈공부가 되는 세계 지리 지도〉 마리 프랑스 들롬 외 지음, 아름다운사람들 펴냄
〈재미있는 세계 지리 이야기〉 김영 글, 가나출판사 펴냄

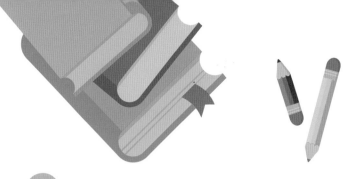

한눈에 쏙 들어오게 만들어 볼까?

오랜만에 영지가 놀러 왔습니다. 영지는 내 단짝 친구지요. 유치원 때부터 함께 붙어 다녔으니까요.

"오, 우리 귀염둥이 도널드 왔구나!"

오빠는 영지를 보자마자 활짝 웃으며 인사를 했답니다. 별명이 '도널드'인 영지도 빙긋 웃으며 인사를 했지요.

영지와 나는 함께 내 방으로 쪼르르 들어갔습니다. 도다리도 함께 들어온 건 말할 것도 없지요.

"새나야, 오빠 왜 학교 안 갔어?"

영지는 방에 들어오자마자 소곤거리며 물었습니다.

"내가 그걸 어떻게 아니? 오빠 말로 자기는 자유로운 대학생이라는데……."

나는 도다리를 끌어안으며 시큰둥하게 대답
했습니다.

　"그런데 말이야, 찬솔 오빠 애인 있어?"

　"헉, 누가 우리 오빠 좋아하니?"

　"너 진심 몰라? 우리 동네에서 너희 오빠가
제일 잘생겼어! 그리고 아이들도 다 알아! 너
희 오빠가 어린 왕자라는 거……."

　"뭐? 어린 왕자? 으하하하하!"

　내 웃음소리를 들어서였을까요? 갑자기 오
빠가 문을 확 열고 들어왔습니다. 두 손에는 김
이 모락모락 나는 피자까지 들고서요.

　"자, 간식 타임이다! 엄마가 너희들 왔다고
만드셨어. 이거 먹으면서 놀아!"

　오빠는 어느새 피자 한 쪽을 우걱우걱 씹으
며 말했습니다. 그런데 피자라면 자다가도 벌
떡 일어나는 영지는 멀뚱히 앉아만 있지 뭐예
요?

　"영지야, 피자 안 먹어?"

“배가 불러서 말이야.”

“무슨 소리? 너 피자 좋아하잖아.”

“사실은…….”

영지는 슬쩍 내 얼굴을 살폈어요. 그러고는 통통한 배를 한 손으로 가리키며 코딱지만큼 작은 목소리로 중얼거렸지요.

“나……. 다이어트!”

그런데 세상에나, 오빠가 그 작은 소리를 들었지 뭐예요?

“야, 네가 다이어트를 한다고? 뺄 곳이 어디 있다고?”

영지도 나도 오빠도 눈을 동그랗게 뜨고 서로를 바라보았습니다. 사실 영지는 벌써 얼굴이 빨개져 있었지요.

“휴……. 오빠가 몰라서 그래요. 살찌면 애들이 싫어해요. 뚱뚱하다고! 그리고 제 별명도 도널드잖아요. 엉덩이가 툭 튀어나왔다고요.”

영지는 한숨을 쉬며 말했습니다.

“무슨 소리야? 지금 네가 얼마나 보기 좋은데! 그리고 어린이들은 잘 먹어야 해. 그래야만 키도 쑥쑥 클 수 있고.”

오빠도 얼굴이 빨개져 말했습니다.

사실 영지 말도 오빠 말도 틀리지 않다고 생각합니다. 하지만 내가 여자라서 그런가요? 뚱뚱한 것은 나도 딱 질색이지요.

"오빠가 몰라서 그래! 친구들이 얼마나 외모를 보는지 알아? 공부만 잘해서는 안 된단 말이야."

나는 따지듯이 말하고는 영지를 바라보았습니다.

오빠는 그래도 지지 않았습니다.

"다이어트, 그러니까 외모를 꾸미기 전에 '마음' 혹은 '정신'의 무게를 넓혀 보려고 노력해 봐. 물론 아름다운 외모도 중요하지만 마음만큼 중요하지는 않으니까."

나와 영지는 어리둥절해졌습니다. 다이어트를 얘기하고 있는데 마음과 정신이라니요?

"너희들은 사람들이 '겉모습', 그러니까 외모만 본다고 생각하니? 아냐, 처음에는 외모를 보고 좋아할지 몰라도 마지막은 그 사람의 마음과 정신을 본단 말이야. 그러니까 내 말은, 너무 외모만 치중해서 생각하지 말란 말이야. 아무리 아름다운 외모를 가졌어도 진실한 마음을 가지고 있지 않다면 그건 정말 슬픈 일이야……."

오빠의 말이 그렇게 감동적이었나요? 어느새 영지는 입을 벌리며 오빠를 바라보고 있네요? 물론 오빠 손에도 새로운 책 한 권이 들려 있었지요.

책 표지
만들기란?

　모든 책들에는 표지라는 게 있어. 제목과 그림이 함께 들어 있어 어떤 책인지를 대충 상상할 수 있게 만들어 주는 게 표지야. 그래서 어떤 책들은 흥미롭지 못한 그림이나 제목 탓에 좋은 책인데도 불구하고 읽고 싶지 않은 경우도 생기는 거지. 책 표지 만들기란, 내가 직접 작가가 되어 표지를 새롭게 만들어 보는 걸 말해. 책을 잘 읽고 난 다음, 내용이 잘 드러나는 그림을 그려서 꾸미면 되는 거야.

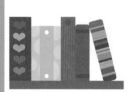 이 책과 비슷한 책은 무엇이 있을까요?

〈그림자의 왕〉 수잔 쿠퍼 글, 문학과지성사 펴냄

〈냄비와 국자 전쟁〉 미하엘 엔데 글, 한길사 펴냄

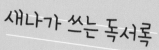 새나가 쓰는 독서록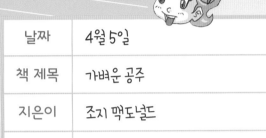

날짜	4월 5일
책 제목	가벼운 공주
지은이	조지 맥도널드
출판사	우리교육
제목	풍선처럼 떠다니는 공주

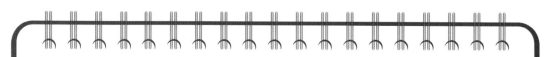

꼬꼬리 생각 쑥쑥, 이런 생각은 어때요?

1. 사람들이 생각을 하지 않으면 어떤 일이 벌어질까요?

2. 공주가 만약 호수에 들어가는 걸 좋아하지 않았다면 왕자와 어떻게 만났을까요?

3. 무게를 갖게 된 공주는 다시 가벼워지고 싶었을까요?

꼬꼬리 지식

우리들이 읽는 책, 어떻게 만들어지는지 궁금하지 않나요?

1. 작가가 쓴 원고를 가져옵니다.

2. 책 모양을 디자인하고 스케치합니다.

3. 앗, 컴퓨터로 편집 디자인도 해야 하네요.

4. 원고를 출력합니다.

5. 인쇄용 필름도 출력해야겠지요?

6. 그리고 인쇄판을 만듭니다.

7. 물론 종이도 주문해야겠지요?

8. 그리고 짜잔, 인쇄를 합니다.

9. 마지막으로 제본을 한 뒤 여러분 곁으로 찾아갑니다.

이 사람이 누구냐고요?

"으흐흐, 새나야, 저것 좀 봐! 너무 웃기지 않니?"

아빠는 벌써 30분째 텔레비전 앞에 앉아 영화를 보고 있어요. 퇴근한 지 한참 되었지만 옷도 갈아입지 않은 채 말이지요.

게다가 왼쪽 발가락을 마구 긁어 대면서요. 윽, 엄마가 봤으면 기절초풍할 광경이지요.

"아빠, 밥 안 먹어요? 엄마가 아빠 오면 밥 챙겨 먹으라고 했단 말예요."

아빠 옆에 털썩 주저앉으며 말했습니다.

"응, 오늘은 오랜만에 중국 여행이다. 오복성에 전화해! 아빠는 짜장, 넌 짬뽕?"

아빠는 여전히 영화에서 눈을 떼지 않은 채 중얼거립니다.

영화는 이제 클라이맥스*로 치닫고 있었습니다. 덩달아 아빠의 눈과 입도 커졌습니다.

"야, 우리의 주인공 성룡이 설마 죽진 않겠지?"

나는 입을 딱 벌리며 소리쳤습니다.

"아휴, 아빠 저거 열 번도 넘게 봤잖아요!"

아빠는 영화광입니다. 그것도 중국 무술 영화를 너무도 사랑하는 아저씨지요. 그래서 집에는 영화 비디오테이프와 DVD가 많습니다. 모두 아빠가 열심히 모은 것들이지요.

"그런데 새나야, 우리 오늘 저녁 메뉴 끝내주지 않냐? 아마 성룡도 우리가 짜장면 먹는 거 알면 감동 제대로 받을 거다. 우리 같은 광팬이 어디 있겠냐?"

엄마는 아빠와 내가 아주 똑 닮았다고 합니다. 하지만 아무리 뜯어 봐도 잘 모르겠습니다. 도대체 어디가 닮았다는 건지…….

그런데 반짝 하고 생각나는 것이 하나 있습니다. 조금은 부끄러운 이야기지만 아빠와 난 공부에 전혀 소질이 없습니다. 그것도 아주 많이요.

클라이맥스(climax) 극이나 영화, 소설 따위에서, 사건의 전개나 인물의 갈등이 가장 높은 정도에 달한 부분을 말합니다.

아빠는 구청 공무원입니다. 어떤 사람들은 공무원인 아빠를 부러워하기도 합니다. 공무원 시험이 무척 어렵다지요? 하지만 아빠는 7년 만에 공무원 시험에 붙었다고 합니다.

엄마는 그 이야기를 하면 아직도 한숨을 쉬며 말합니다.

"아휴, 정말 너희 아빠가 매번 시험에서 똑똑 떨어질 때마다 내 가슴이 어땠는지 아니? 솔직히 말하면 천불이 났다, 천불이! 아무리 시험이 어려워도 그렇지! 7년이 뭐니? 7년이……."

그러면 아빠는 아무렇지도 않게 말합니다.

"흥, 칠전팔기(七顚八起)*란 말 몰라? 또 9회말 2아웃이란 말도 있잖아! 절대 포기하지 않았으니 이렇게 설 수 있었던 거라고!"

솔직히 이 말까지 꺼내진 않으려 했는데 할아버지가 한 말이 생각납니다. 글쎄, 아빠 어렸을 때 별명이 '돌머리'였대요. 남들은 한 번 이야기하면 알아듣는 것도 아빠는 다섯 번 여섯 번을 알려 줘도 이해하지 못해서요.

하지만 나는 알아요. 아빠가 무좀에 걸린 영화광이지만 누구보다

칠전팔기(七顚八起) 일곱 번 넘어지고 여덟 번 일어난다는 뜻으로, 여러 번 실패하여도 굴하지 않고 꾸준히 노력하고 분투하는 사람이나 그러한 정신을 비유적으로 이르는 말입니다.

열심히 노력하는 사람이라는 것을요. 또 아빠가 나중에는 영화감독이 되고 싶어 하는 사실도 알고 있지요. 물론 엄마가 알면 기절초풍하겠지만요.

학교에서 돌아온 오빠에게 물었습니다.

"오빠, 아빠가 과연 영화감독이 될 수 있을까?"

오빠는 망설임 없이 대답했습니다.

"당연하지! 넌 아직도 몰라, 아빠 칠전팔기 인생을? 그래서 내가 제일 존경하는 사람이 누군지 알아? 바로 아빠야!"

생각지도 못한 대답이었습니다. 오빠가 아빠를 무척 좋아한다는 사실은 알고 있었지만 세상에서 가장 존경하는 사람이라고 말할 줄은 몰랐거든요.

"오빠, 몰라? 아빠 왕 지저분하고 무좀 대마왕인 거?"

"세상에 완벽한 사람이 어디 있니? 나도 어린 왕자긴 하지만 내 방귀 냄새는 핵폭탄 급이라고! 그리고 내가 아빠를 존경하는 이유는 늘 끊임없이 생각하고 노력하시기 때문이야. 게다가 멋진 꿈까지 꾸시지 않니? 나쁜 놈들이 하나도 없는, 중국 소림사가 지배하는 세상을 말이야."

"크흐흐, 맞다!"

아빠를 흘끔거리며 웃는 내게 오빠는 다시 숙제를 내 주었습니다.

"오늘은 이 책을 읽어 봐. 읽다 보면 세상을, 그리고 사람을 보게 될 거야."

주인공 소개하기란?

　새 학기가 되면, 새로운 친구나 담임선생님 앞에서 언제나 하는 것이 바로 자신을 소개하는 일이야. 내가 어떤 사람인지를 제대로 알려 주면 오해를 하는 일도 없을 것이고 또 좋아하는 것이 같은 친구끼리는 빨리 친해질 수도 있잖아. 주인공을 소개할 때도 내가 친구들 앞에서 어떻게 소개했는지를 떠올리면 되는 거야. 키는 큰지 작은지, 얼굴은 넙데데한지 동글동글한지, 밥 먹을 때 소리를 내는지, 당근을 잘 먹는지, 청소하는 걸 좋아하는지, 씻는 걸 제일 싫어하는지, 그림을 잘 그리는지 등을 말이야.

새나가 쓰는 독서록

날짜	4월 9일
책 제목	까닥 선생 정약용
지은이	김기정
출판사	웅진주니어
제목	까닥 선생, 깐깐 선생, 골골 선생

　정약용은 텔레비전 사극에서도 자주 등장한다. 배우들이 연기하는 것만 봤을 때는 잘 몰랐는데 책에서 만나 보니 다른 점이 무척 많았다. 눈은 부리부리하고, 이마는 넓고, 철사 같은 수염은 가슴까지 내려왔다. 하루 종일 꼼짝 않고 글을 쓴다고, 성미가 까다롭다고, 뭔가를 질문해서 대답을 하면 고개만 끄덕인다고, 눈썹이 세 가닥으로 갈라진다는 이유로 '까닥 선생'이라고 불렸다.

　그전에는 일을 하거나 공부를 할 때 봐주는 법이 없어서 '깐깐 선생'이라는 별명이 있었다. 정조를 도와 여러 가지 일을 했는데 배다리를 만들기도 했고, 수원 화성을 지을 때는 정확한 설계도를 그리고, 기중기 등을 이용해서 과학자다운 면모를 뽐내기도 했다. 그 당시 나라에서 금하던 천주교를 믿는다는 이유로 귀양을 가야 했는데, 죽지 못해 골골거린다고 걸걸 할매가 '골골 선생'이라는 별명을 지어 주기도 했다. 그리고 귀양을 가서는 다산초당을 짓고 아이들에게 글을 가르쳤다. 또한 글을 쓰고 책을 읽는 일에 온 힘을 기울였다. 그래서 500권이 넘는 책을 쓴 위대한 학자가 바로 정약용이다.

꼬꼬리 생각 쑥쑥, 이런 생각은 어때요?

● 만약 정약용이 귀양을 가지 않았다면 어떤 삶을 살았을까요?

● 내가 정약용에게 별명을 지어 준다면 어떤 별명을 지어 주고 싶은가요?
이유도 함께 말해 보세요.

 이 책과 비슷한 책은 무엇이 있을까요?

〈나비 박사 석주명〉 박상률 글, 사계절출판사 펴냄

〈제주의 빛 김만덕〉 김인숙 글, 푸른숲주니어 펴냄

6 독서 신문 만들기

신문 안에 책이?

아휴, 시끄러워 죽겠습니다. 우리 반 아이들은 그야말로 제각각입니다. 선생님이 조용히 하라고 이야기하셔도 절대 말을 듣지 않으니까요. 그래서인지 선생님은 매의 눈초리로 우리 모두를 바라보시지요.

하루도 빼놓지 않고 여자아이들을 괴롭히는 현수는 그야말로 우리 반 개구쟁이 1호지요. 그리고 자기가 제임스 윤이라나요? 그래서 자신의 멋진 외모에 어울리는 제임스 걸을 찾고 있다고 하네요. 아무리 봐도 우리 반에는 아름다운 제임스 걸이 없는데 말이지요. 혹 나라면 모르겠지만요.

또 오빠만큼 잘난 척하는 창희는 별명이 '나교수'랍니다. 아는 것도 많고 호기심도 많아 그렇게 별명을 붙였지요.

오늘은 직업에 관한 수업을 했습니다. 선생님은 칠판에 '한국 초등학생 10대 장래희망'이라는 제목을 붙인 다음 그 아래에 여러 가지 직업을 적었습니다.

우린 모두 눈을 초롱초롱 빛냈습니다.

1. 선생님 2. 의사 3. 연예인 4. 운동선수 5. 교수 6. 법률가 7. 경찰

8. 요리사 및 음식 관련 분야 9. 패션 디자이너 10. 프로게이머

- 출처: 한국 직업 능력 개발원 직업 진로 정보센터, 〈진로 교육 지표 조사〉

먼저 창희가 손을 들며 이야기했습니다.

"선생님, 저야말로 교수가 되어야 하는데, 대한민국 초등학생 대다수가 이렇게 교수를 하고 싶어 하는 줄은 몰랐어요! 그야말로 21세기 경쟁 시대군요!"

선생님은 웃으며 대답했습니다.

"창희는 분명 훌륭한 교수가 될 수 있을 거야. 창희처럼 똑똑한 아이가 교수가 안 되면 누가 되겠어?"

창희는 기분이 좋은지 보란 듯 아이들을 향해 씨익 웃었습니다.

이번에는 내가 손을 들었습니다.

"선생님, 저는 여행가가 되고 싶은데, 여행가가 되기 위해서는 어떤 노력을 해야 될까요?"

선생님은 곧 칠판에 '노력'이란 말을 적으며 대답했습니다.

"그래, 좋은 말 했다. '노력'이란 정말 중요한 거야. 너희들도 알겠지만 꿈을 꾼 다음에는 노력을 해야 해. 노력 없이는 아무 것도 할 수 없거든. 꿈만 꾸는 사람은 말 그대로 '몽상가'야. 몽상가란 뭘까? 말 그대로 꿈만 꾸는 사람이지. 그리고 새나야, 선생님 생각에는 여행가가 되기 위해서는 우선 체력을 단련하며 외국어를 공부하는 것이 좋지 않을까 싶은데?"

나는 고개를 끄덕이며 웃었습니다. 왜냐고요? 이미 지금도 편식 없이 열심히 먹으며 체력 단련을 하고 있거든요.

반 친구들은 자신의 장래희망에 대한 이야기를 했습니다.

솔직히 난 깜짝 놀랐습니다. 성격도 개성도 각각인 만큼 장래희망도 무척 다양했기 때문이지요. 내가 모르는 직업도 여러 개 나왔지요.

혹시 이런 직업을 들어 봤나요? '예술품 복원 기술자', '도시 계획가', '환경 컨설턴트', '항만 물류 전문가', '도선사' 등등……. 정말이지 세상에는 너무도 많은 직업들이 있지요?

선생님은 칠판 가득 직업 종류를 적으시며 설명을 했습니다. 아이

들도 눈과 귀를 활짝 열어 놓고 들었지요.

학교에서 돌아오자마자 오빠 방에 뛰어들어가 물었습니다.

"오빠, 혹시 '도선사'라는 직업 알아?"

오빠는 아무렇지도 않은 듯 대답했습니다.

"알지, 일명 바다의 관제사! 그러니까 큰 배들이 항구로 들어오고
나가는 걸 돕는 직업!"

우아, 대단해요! 이럴 때 보면 오빠가 괜히 자랑스럽다니까요.

"그런데 오빠는 나중에 도서관 사서가 되고 싶다고 했지? 그럼 오빠 부인은 어떤 직업을 가졌으면 좋겠어?"

"작가! 나를 진정 '어린 왕자'로 인정해 주는 작가가 내 부인이 되었으면 좋겠어. 왜냐고? 나는 소중하니까!"

"우웩!"

오빠는 다시 책 한 권을 내 손에 쥐여 주며 말했습니다.

"이 책 한번 읽어 봐. 여기 직업에 관한 어마어마한 이야기가 적혀 있으니까!"

독서 신문
만들기란?

　매일 아침 새로운 소식을 알 수 있게 만들어 주는 건 뭐가 있을까? 바로 뉴스와 신문이 생각날 거야. 요새는 인터넷으로도 기사를 검색할 수 있으니 종이 신문을 많이 안 보긴 해. 그래도 역시 신문이 최고라는 어른들도 있어. 책을 읽은 뒤, 내가 기자가 되어 책에 관한 기사를 쓰는 것이 바로 독서 신문 만들기야.

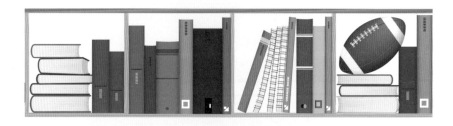

새나가 쓰는 독서록

날짜	4월 12일
책 제목	직업 옆에 직업 옆에 직업
지은이	파트리시아 올
출판사	미세기
제목	무슨 직업이 이렇게 많아?

무슨 직업이 이렇게 많아?
'직업 옆에 직업 옆에 직업'을 읽고

만든 사람: 새나 | 만든 날짜: 2014년 4월 12일

다양한 직업들

내가 갖고 싶은 직업은?

여행가.

넓은 세상을 돌며 다양한 모습으로 사는 사람들을 보고 싶다. 왜냐하면 그들의 새로운 모습을 보면서 나의 앞날을 개척하며 계획하고 싶기 때문이다. 나는 우물 안의 개구리로 살고 싶지는 않다. 이런 말도 있지 않는가. '세상은 넓고 할 일은 많다.'

특이한 직업들은 무엇이 있을까요?

수상 인명 구조원, 환경 컨설턴트, 승마 체험 강사,
예술품 복원 기술자, 미술품 경매사

이런 직업은 어때요?

집으로 찾아가 책을 읽어 주는 사람. 병든 사람이나 눈이 좋지 않은 사람들에게 책을 대신 볼 수 있게 해 준다는 장점이 있다. 또 기계가 아닌 사람이기 때문에 더욱 친밀감이 생길 수 있다고 생각한다.

*대한민국 초등학생 10대 장래희망

1. 선생님 2. 의사 3. 연예인 4. 운동선수 5. 교수 6. 법률가 7. 경찰
8. 요리사 및 음식 관련 분야 9. 패션 디자이너 10. 프로게이머

– 출처: 한국 직업 능력개발원 직업 진로 정보센터, 〈진로 교육 지표 조사〉

우리집에 오면
신문과 함께 빈대떡을
먹을 수 있답니다.

그러니 새나네 집에
많이많이 놀러 오세요!

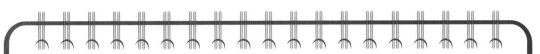

꼬꼬리 생각 쑥쑥, 이런 생각은 어때요?

1. 내가 새롭게 직업을 만들어 낸다면 어떤 직업을 만들고 싶은가요?
   그 이유는 무엇인가요?

2. 나한테 맞는 직업을 찾으려면 어떻게 해야 할까요?

 이 책과 비슷한 책은 무엇이 있을까요?

〈소방 공무원 & 컴퓨터 보안 전문가〉 와이즈 멘토 지음, 주니어김영사 펴냄

〈직업 이야기 51〉 김한준 지음, 을파소 펴냄

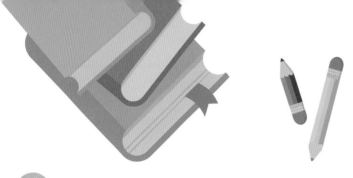

때론 뒤죽박죽 이야기도 좋아!

나는 오늘 심각합니다. 심각해도 보통 심각한 것이 아니지요. 그래서 좋아하는 부침개도 아주 조금밖에 먹지 않았어요.

나를 고뇌하게 만든 사람은 다름 아닌 엄마와 오빠예요. 함께 텔레비전을 보다가 엄마와 오빠가 갑자기 질문을 퍼부어 대기 시작했습니다. 텔레비전에서는 유명한 한비야 아줌마가 여행 전문 기자와 인터뷰를 하고 있었지요.

엄마도 기자처럼 내게 물었습니다.

"새나야, 넌 몇 살이 되면 여행을 시작할 거야?"

나는 곧장 대답했습니다. 그리 어려운 질문이 아니었으니까요.

"제가 책 백 권을 다 읽으면 갈 거예요. 오빠가 그랬거든요. 책 백 권을 다 읽으면 배낭여행에 데리고 가 준다고요."

이번에는 오빠가 물었습니다.

"매일 나만 따라다닌다는 소린 아니지? 그런데 나중이라면 언제 갈 거야? 혼자 갈 거야? 아니면 친구들과 갈 거야?"

이번에는 머리를 갸웃거리며 대답했습니다.

"글쎄……. 혼자 갈 때도 있을 것 같고 여럿이서 갈 수도 있을 것 같은데?"

다시 오빠가 물었습니다.

"그런데 한비야 아줌마처럼 여행을 하면서 온갖 고생을 할 자신이 있어? 또 여행지에서 멋진 남자를 만나 여행을 포기하면 어쩌지?"

질문은 꼬리에 꼬리를 물고 이어졌습니다. 안 그래도 수학 숙제 때문에 머리가 아파 죽겠는데 왜 이렇게 많은 질문을 쏟아 내는지……. 언제부터 나에게 관심이 그리 많았다고 말이지요.

엄마는 심각한 내 표정을 보고 더 심각한 표정으로 물었습니다.

"그런데 여행 중에 길을 잃으면 어떡하지? 또 돈이 떨어지면 어떡할 거야? 혼자 힘으로 여행지에서 새로운 여행지로 갈 수 있을 거 같아? 참, 도둑이나 강도를 만날 수도 있잖아."

난 한참을 생각하고 생각했습니다. 하지만 이 많은 질문에 답을

하기에는 부족했지요. 왜냐고요? 난 아직 초등학생이잖아요. 또 여자이고요! 그런데 이런 내 대답에 오빠가 화를 내지 않겠어요?

"네가 확실히 네 꿈을 정한 건 좋아. 하지만 '초등학생이라고' 또 '여자라고' 그런 말을 해서는 안 되지. 네가 여행가가 되고 싶다고 해서 그 이야기를 진지하게 하고 있잖아. 그리고 이야기를 할 때 '같아요.'란 표현은 쓰지 마. 그건 자신 없어 하는 말처럼 들리니까."

갑자기 서러운 마음이 들었습니다. 오빠가 이렇게 냉정하게 이야기를 한 적이 없었기 때문이지요.

나는 '쾅' 소리가 나게 문을 닫으며 방으로 들어왔습니다.

그리고 한 시간쯤 넘게 잤을까요? 자고 일어나서 보니 밖은 이미 어둑어둑해져 있었습니다. 거실에서는 아빠 목소리도 들렸지요.

후다닥 아빠에게 달려갔습니다. 그리고 물었습니다.

"아빠는 구청에서 일할 때 어떤 생각이 들어요? 어제 보니 사람들이 구청 앞에서 막 시위도 하던데 힘들지 않나요?"

아빠는 싱긋 웃으며 대답했습니다.

"물론 그럴 때는 힘들지. 하루에도 몇 번씩 그만두고 싶은 마음도 들고. 하지만 내가 선택한 일이니까 열심히 해야 하지 않을까? 세상은 만만치 않아. 또 '내가 하는 일이, 생각이 옳은 것인가?' 하고 생

각할 때도 많고. 새나야, 인간은 말이야. 늘 고민하는 존재야. 아빠
는 그래서 오늘도 '나'를 찾아 방황하고 있단다."

그런데 이번에는 오빠가 다가와서 말했어요.

"아까 화내서 미안! 난 '여자'라서 '나이가 어려서'라는 네 말이
듣기 싫어 그랬어. 그리고 실은 나도 늘 방황해. 너도 알지? 어린 왕
자가 방황하며 이 별, 저 별 떠도는 거?"

세상에나, 여기 방황하는 영혼이 나 말고도 둘이나 있었네요? 나
는 오빠가 내민 책을 들고 방으로 들어왔습니다. 오늘은 조금 더 고
뇌하며 책을 읽어 보려고요.

이야기
바꿔 쓰기란?

대부분의 사람들은 드라마를 보는 순간만큼은 그 사람 이야기에 잘 빠져들어. 주인공이 불쌍한 일을 겪거나 슬픈 일이 생기면 같이 울기도 하고 말이지. 그럴 때는 내가 작가가 되어서 이야기를 확 바꿔 주면 좋겠다고 생각하기도 해. 그런 것처럼 책 속 주인공이 어떤 삶을 살면 좋을지 내 마음대로 바꿔서 써 보는 거야. 결말을 바꿔도 되고 중간 부분을 바꿔도 좋아.

새나가 쓰는 독서록

날짜	4월 15일
책 제목	일수의 탄생
지은이	유은실
출판사	비룡소
제목	평범한 일수도 좋고! 특별한 일수도 좋고!

일수가 그냥 평범한 아저씨로 늙는다는 게 정말 마음에 안 든다. 내가 작가라면 이렇게 확 바꿔 버릴 텐데…….

일수는 엄마를 따라 서예 학원을 다니기 시작했다. 처음에는 옆으로 비뚤어지지 않게 긋는 것도 어려웠지만, 인내심만큼은 최고인 일수는 매일 100장씩 쓰는 피나는 노력을 한 끝에 드디어 원장님만큼 잘 쓰게 되었다. 그런데 일수는 원장님이 "일수야, 너도 너만의 글씨체가 필요하단다." 라고 한 말씀을 곰곰이 생각해 보게 되었다. 그래서 다시 연습을 했다. 그리고 드디어 일수만의 글씨체를 가지게 되었는데 그것이 바로 '일수체' 로 어느 누구한테서도 볼 수 없었던 독특한 글씨체였다.

일수는 대회에 나가서 상도 많이 받고 어느새 원장님보다 훌륭한 서예가가 되었다. 사람들은 너도나도 일수의 글씨를 갖고 싶어 했다.

매일같이 찾아오는 사람들에게 일수는 제일 잘 쓰는 '행복'이라는 글씨를 써서 주었다. 일수 엄마도 처음에는 글씨 한 장에 돈 만 원씩을 받고 팔았지만 너무 많은 사람들이 사 가는 바람에 나중에는 돈을 안 받아도 될 만큼 부자가 되었다.

일수와 일수 엄마는 그다음부터 공짜로 글씨를 나누어 주었는데 그 글씨를 간직한 사람들 모두 행복해졌다.

꼬꼬리 생각 쑥쑥, 이런 생각은 어때요?

1. 일수가 잘할 수 있는 일은 정말 없었을까요? 있다면 어떤 일이라고 생각하나요?

2. 일수가 가훈 써 주는 일을 잘한 것처럼 나도 잘하는 것이 있나요?

3. 내가 잘하는 일과 부모님이 원하시는 일 중에 어떤 것을 선택하는 것이 좋다고 생각하나요?

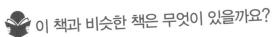 이 책과 비슷한 책은 무엇이 있을까요?

〈제멋대로 나대로〉 정유리 글, 글고은 펴냄

〈무지막지 공주의 모험〉 김미애 글, 창비 펴냄

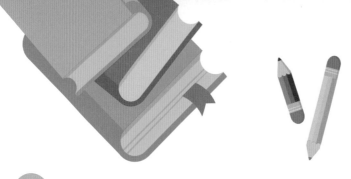

8 기억에 남는 장면 그리기

머릿속에 콕 박혔다고?
그럼 그려 봐!

생각지도 못한 숙제가 생겼습니다. 미술관 관람이라니! 축구 경기를 보는 것도 아니고 영화를 보는 것도 아닌 미술관 관람이라니…….

1년 전, 오빠를 따라 미술관을 간 적이 있습니다. 그것도 아주 유명한 '고흐' 전시회였지요.

오빠는 흥분한 것도 모자라 턱이 빠질 정도로 이야기하고 또 이야기했습니다. 다른 화가도 아닌 '고흐'의 그림을 본다는 감격 때문에요.

미술관은 사람들로 붐볐습니다. 게다가 어찌나 여기저기 떠들어 대는지……. 그림은 눈에 들어오지도 않았습니다. 그것도 모자라 배가 살살 아프기 시작했지요.

결국 그림을 제대로 볼 수 없었습니다. 방귀를 백 번도 넘게 뀌다가 화장실을 무려 네 번이나 다녀왔거든요. 솔직히 정신이 하나도 없었습니다. 조금이라도 아랫배에 힘이 들어가면 그대로 뿌웅 하고 방귀가 발사됐거든요.

아, 그때 오빠는 호들갑스럽게 이런 말도 했지요.

"어서 집에 가자. 여기 더 있다가는 사람들이 네 방귀에 질식하겠다!"

휴……. 다시 한번 그때의 악몽이 떠올랐습니다. 어쩌면 다시 또 배탈이 날지도 모르겠지요?

도대체 명화는 왜 봐야 하는 건지……. 툴툴거리고 있으려니 오빠가 참견을 했습니다.

"왜 입이 툭 튀어나왔어?"

"겁나는 숙제가 생겼거든!"

나는 입을 더 쑥 내밀며 대답했습니다.

"무슨 숙제? 수학 문제 백 개 풀기? 아니면 오지 탐험하기? 그것도 아니면 설마 책 백 권 읽기?"

"아냐, 아니라고!"

"야, 무섭다! 너 얼굴 찡그린 꼴이 꼭 그림 〈맹견도〉에 나오는 멍

멍이랑 똑같다!"

"뭐야?"

나는 결국 한숨을 푹 내쉬었습니다.

오빠는 싱긋 웃으며 내 앞에 앉았습니다.

"자, 왜 그러는지 말해 봐. 그래야 오빠가 해결해 주지!"

"휴, 미술관 관람 또 가야 해."

"미술관 관람? 좋지! 그런데 너 배탈은 해결한 거야? 방귀 백 번 뀔 자신은 있고?"

"오빠!"

오빠는 서재에서 두꺼운 화집을 가져왔습니다.

오, 우리 집에도 이런 책이 있었던가요? 나는 놀라 책을 펼쳤습니다. 책 속에는 그림이 미술관에서 본 것보다 훨씬 많았지요.

"오빠, 미술관 가지 않아도 되겠다!"

"무슨 소리! 미술관 관람이 숙제잖아!"

"알잖아! 난 미술관에 대한 안 좋은 추억이 있다고!"

"그건 네가 그림을 잘 몰라서 그래. 이 화집을 천천히 봐. 이번에는 마음을 편안히 가지고. 그러면 그림 하나하나가 눈에 들어올 거야. 또 어떤 것은 네 맘에 쏙 들 것이고!"

"맞다, 선생님이 마음에 드는 그림 하나를 정해서 내 감상을 적으라고 하셨어!"

생각해 보니, 그땐 그놈의 방귀 때문에 그림을 제대로 보지 못했지요. 오빠가 옆에서 놀리기도 했고요. 또 명화라면 분명 어려운 그림이라 생각했는데 계속 보다 보니 마음에 드는 그림도 발견했지 뭐예요?

"오빠, 이 그림 어때? 멋지지 않아?"

"어이구, 이 그림이 '고흐'가 그린 〈사이프러스 나무와 별이 빛나는 길의 밤 풍경〉이란 그림이잖아!"

오빠는 그림책 한 권을 내밀었습니다.

"이번 책은 그림책이야. 그림책이라고 쉽게 보면 안 돼! 여기 보면 여러 명화가 나오지만, 또 그 명화를 새로운 시각으로 보는 어린이가 나오거든. 자, 눈도 크게 뜨고 마음도 열어야 돼! 준비됐지?"

기억에 남는 장면 그리기란?

내가 보는 모든 것을 다 기억하기는 힘들어. 잠자는 시간을 빼고 오늘 본 것만 따져도 벌써 몇 개야? 그러니 아무리 멋지고 훌륭한 걸 본다고 해도 기억하려고 하지 않으면 뿅 하고 사라지고 말아. 책을 읽으면서 가장 좋았던 장면을 떠올려 봐. 슬퍼도 기억에 남고 행복해도 기억에 남고 감동적이어도 기억에 남잖아. 그걸 내 느낌대로 그림으로 옮기는 거야.

새나가 쓰는 독서록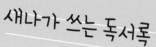

날짜	4월 22일
책 제목	미술관에 간 윌리
지은이	앤서니 브라운
출판사	웅진주니어
제목	주인공이 다 고릴라야.

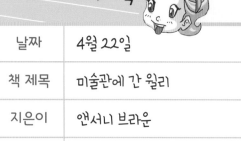

나는 이 그림이 가장 기억에 남는다. 산드로 보티첼리가 1485년에 그린 작품을 바탕으로 그린 건데 고릴라가 수줍은 표정으로 서 있는 것도 꽤나 웃기지만 그 밑에 '야, 벌거숭이, 어서 옷 입어'라고 쓴 글을 보고 한참 웃었다.

비너스도 사실 예쁘긴 하지만 벌거벗고 있어서 민망했는데 내 마음을 딱 그대로 표현한 것 같았다. 엄마가 세수할 때 머리 젖지 말라고 두르곤 하는 띠 같은 걸 고릴라도 쓰고 있어서 더 재미있었다.

'목욕탕에서 막 나온 고릴라'라고 제목을 지어 주면 좋겠다.

 이 책과 비슷한 책은 무엇이 있을까요?

〈잃어버린 천사를 찾아서〉 막스 뒤코스 글, 국민서관 펴냄

〈세상에서 가장 유명한 미술관〉 메리디스 후퍼 글, 국민서관 펴냄

76

77

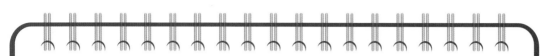

꼬꼬리 생각 쑥쑥, 이런 생각은 어때요?

1. 내가 제일 좋아하는 그림은 누구의, 어떤 그림인가요?
2. 왜 그 그림이 좋은가요? 이유를 찾아보세요.
3. 그림을 하나 골라서 어떤 느낌인지를 정리해 보세요. 색깔에서 풍겨 나오는 느낌, 모양에서 풍겨 나오는 느낌, 전체적인 그림이 주는 느낌을 이야기해 보고 제목과 그림은 잘 어울리는지도 생각해 보세요.

꼬꼬리 지식

살면서 꼭 가고 싶은 유명 미술관을 소개할까 합니다. 세계 여행을 한다면 결코 빼놓아서는 안 될 보석 같은 곳이지요. 물론 가까운 우리나라에도 좋은 미술관이 많습니다. 자, 그럼 어떤 곳인지 볼까요?

○ 루브르 미술관

프랑스 파리의 루브르 궁전을 미술관 건물로 사용하고 있으며, 소장된 미술품의 규모는 세계 최대입니다.

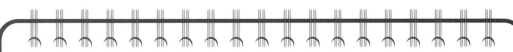

◉ 마드리드 프라도 미술관

프라도 미술관(Museo del Prado)은 스페인 마드리드에 있는 세계적인 미술관 중 하나입니다. 박물관은 찰스 3세 왕정 때 도시 미화 작업을 통해 지어졌습니다. '프라도'라는 단어는 스페인 어로 '목초지'를 뜻하며 스페인 국민의 문화적 자존심을 상징합니다. 그림과 조각을 위한 전용 박물관으로 설립되었으며 5,000개 이상의 그림과 2,000개 이상의 판화, 1,000개 이상의 주화와 메달 그리고 2,000개 이상의 장식물과 예술 작품이 전시되어 있으며 조각상은 700개 이상이 있습니다.

◉ 티센- 보르네미서 미술관

스페인의 마드리드 구시가지의 프라도 거리(Paseo del Prado)에 있습니다. 독일-헝가리계 기업가이자 예술품 수집가인 한스 하인리히 티센-보르네미서(Hans Heinrich Thyssen-Bornemisza) 남작은 그의 아버지가 1920년대부터 모은 미술품을 기초로 더욱 많은 작품을 수집하여 미술관을 꾸몄습니다.

◉ 파리 오르세 미술관

프랑스 파리의 오르세 역을 개축하여 인상파 회화를 비롯한 19세기 미술 작품을 소장한 미술관입니다. 주요 소장품으로 밀레의 《이삭 줍기》, 《만종》, 마네의 《올랭피아》, 《풀밭 위의 점심》, 《피리 부는 소년》, 쿠르베의 《화가의 아틀리에》, 로댕의 《지옥의 문》, 고흐의 〈화가의 방〉, 드가의 〈프리마 발레리나〉, 세잔의 〈카드놀이를 하는 남자들〉, 고갱의 〈타이티의 여인들〉, 쿠르베의 놀라운 〈세계의 기원〉 등이 있습니다.

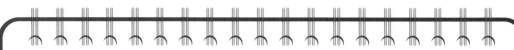

◎ 암스테르담 국립 미술관

암스테르담 국립 미술관은 1800년 '국립 미술 갤러리'로 문을 열고 1885년 공식적으로 개관한 뒤, 네덜란드 역사에 있어 최고의 국립 미술관으로 손꼽히고 있습니다. 대부분 15세기부터 19세기 네덜란드 회화인데, 본래 오렌지 가에서 수집한 미술품들을 한곳에 모아 놓은 것입니다. 이곳은 소위 '황금시대'라 불리는 17세기 화가들의 걸작품을 소장함으로써 국제적 명성을 얻게 되었습니다.

◎ 호암 미술관

경기도 용인시 처인구 포곡읍 가실리에 있는 사립 미술관으로, 삼성 그룹의 창업주인 호암 이병철(李秉喆)이 30여 년에 걸쳐 수집한 한국 미술품 1,200여 점을 바탕으로 1982년 4월 개관하였습니다. 수려한 자연 경관 속에 자리하고 있는 호암미술관은 전통 한옥 형태의 본관 건물과 전통 정원 '희원(熙園)', 프랑스 근대 조각의 거장 부르델의 작품들이 전시되어 있는 '부르델 정원', 호숫가의 '수변 광장', '석인의 길'로 이루어져 있습니다.

◎ 간송 미술관

간송 미술관은 간송 전형필(全鎣弼)이 33세 때 세운 것으로, 한국 최초의 민간 박물관입니다. 2층 콘크리트 건물로, 서울 성북구 성북동에 있습니다. 서화를 비롯해 자기 · 불상 · 불구(佛具) · 전적(典籍) · 와당 · 전(벽돌) 등 한국의 전통 예술품과 많은 유물들이 있는데, 국보급의 문화재만 10여 점이 소장되어 있습니다.

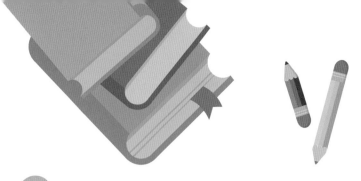

9. 인상 깊은 문장 옮겨 쓰기

머릿속에 콕 박혔다고?
그럼 한번 옮겨 써 봐!

오랜만에 오빠와 외식을 하러 나왔습니다. 오빠가 아르바이트를 해서 월급을 받았거든요. 그런데 오늘은 웬일로 외식일까요? 평소에는 도서관 혹은 서점으로 끌고 갔는데 말이지요.

"오빠, 오늘 좀 이상하다!"

나는 궁금했습니다.

"뭐가?"

오빠는 싱글벙글 웃으며 안경을 치켜 올렸습니다.

"정말 나 맛있는 거 사 줄 거야?"

"넌 속고만 살았냐? 오빠 좀 믿어!"

솔직히 신이 났습니다. 책을 사는 일이 아니면 용돈을 거의 쓰지 않는 구두쇠 오빠가 점심을 사 주니까요.

"뭐 먹지? 피자도 먹고 싶고 햄버거도 먹고 싶은데……. 아, 맞다! 꽃집 앞에 돈가스 집 생겼는데 그거 먹을까?"

"돈가스? 오, 탁월한 선택이군!"

돈가스 집은 사람들로 붐볐습니다. 10분 뒤, 간신히 자리를 잡은 오빠와 나는 왕돈가스를 주문했습니다. 그런데 생각했던 것보다 돈가스는 엄청 컸습니다. 거짓말 조금 보태면 내 얼굴보다 클까요?

그래도 열심히 먹었습니다. 하지만 조금 뒤, 나이프와 포크를 내려놓으며 말했습니다.

"난 이제 그만! 배가 너무 불러!"

"뭐라고? 이럴까 봐 내가 그냥 돈가스 먹으라고 했잖아. 왜 욕심을 내서 아까운 음식을 남기냐?"

오빠는 인상을 쓰며 말했습니다.

"아이참, 다 먹을 줄 알았지……. 그리고 지금 내 배가 그만 좀 먹으래! 더 먹으면 배 터진다고!"

실제로 나는 볼록 튀어나온 배를 통통 두드리며 말했습니다.

"네 올챙이배가 정말 그렇게 말했다고?"

"응, 더 먹으면 토할지도 모른대!"

"그런데 왜 배가 당근이랑 시금치 먹으란 소린 안 하냐?"

"야채는 맛이 없잖아! 몰라? 그딴 건 토끼나 먹는 거야!"

오빠는 그럴 줄 알았다며 포크를 내려놓았습니다. 그러고는 나를 바라보더니 입을 열었습니다.

"너, '몸은 살아 있다!'란 말 들어 봤어? 지금 네 배가 그랬다며? 더는 배부르니 그만 먹으라고! 그런데 야채는 먹지 말라고 했다고? 순 거짓말! 너는 모르겠지만, 너보다 부지런한 게 몸이야! 몸은 쉬지 않고 일을 한다고! 그래서 네가 배고픈 것을 알게 하거나 배가 부른 것을 알게 하는 거야!"

나는 눈을 깜박이며 물었습니다.

"오, 그럼 똥 누는 것도 몸이 시키는 거야?"

"당연하지! 그리고 분명 몸은 말하고 있어. 네가 야채도 먹어야 한다고. 그래야 온몸에 영양이 골고루 퍼져서 네가 잘 클 수 있다고 말이야!"

집에 돌아와서도 나는 오빠를 졸졸 따라다니며 물었습니다.

"그럼 오빠는 몸과 대화도 나눌 수 있어? 오빠 몸은 뭐래? 지금 똥 싸래? 아니면 내일 싸래?"

돈가스 집에서 남은 돈가스를 포장해 온 오빠는 다시 한번 나를 한심하다는 듯 바라보았습니다.

"그렇게 궁금하면 이 책을 읽어 봐! 그리고 이 책을 읽으면 네가 왜 음식을 남기면 안 되는지도 잘 알 수 있을 거야."

인상 깊은 문장
옮겨 쓰기란?

    책을 읽다가 내 마음속에 콕 박히는 문장을 만났을 때는 왠지 바로 외워서 다른 친구들한테 알려 주고 싶기도 하고 오래오래 기억하고 싶어지지. 예쁜 표현이라서 마음에 드는 경우도 있고, 내가 경험한 것과 비슷한 걸 얘기할 때도 그렇고, 너무 웃길 때도 그래. 한번 읽는 걸로는 다 기억할 수 없으니까 이럴 때는 옮겨 써 보는 거야. 그리고 그 문장을 읽었을 때 내가 무슨 생각을 했는지, 어떤 느낌을 받았는지도 함께 써 보자.

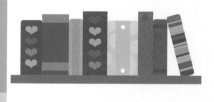

새나가 쓰는 독서록

날짜	5월 2일
책 제목	내 몸이 줄어 들고 있어
지은이	오바라 히데오
출판사	함께읽는책
제목	내 몸이 이랬단 말이지?

　이 책은 정말 첫 장부터 어이가 없었다. 내 몸이 줄어드는 이유가 때와 비듬 때문이라니 깜짝 놀라기도 했지만 정말 재미있는 생각이라서 한참을 웃었다. 이상한 그림도 많고 이해가 안 가는 그림도 많아서 오빠한테 물어봐야 했지만 새로운 걸 많이 알아서 좋았다.

　책을 읽다가 오래도록 마음에 남는 부분이 있었다.

　동물은 겉모양과 냄새로 가려 내고 맛을 보고 난 다음 먹는다고 했지? 그러면 동물들이 먹을 수 있는 것은 어떤 것일까? 그건 식물이나 다른 동물의 몸이지.(12쪽)

　특별한 얘기는 아니었지만 왠지 내가 동물이 된 것 같은 착각이 들어서 코를 킁킁거리기도 했다. 아까 오빠랑 먹다가 싸 온 돈가스만 하더라도 돼지고기라는 다른 동물의 몸도 있고 소스에 버무린 양배추란 식물도 있다. 쌀밥이랑 김치, 계란말이, 사과, 음료, 과자…… 생각해 보니, 참 많이도 먹는다. 내가 잘 안 먹는 시금치와 당근 같은 채소도 이제부터는 잘 먹어야겠다. 왜? 내 몸이 그걸 원한다니까!

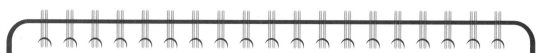

꼬꼬리 생각 쑥쑥, 이런 생각은 어때요?

1. 내 몸이 줄어들고 있다고 느낀 적이 있나요? 반대로 내 몸이 커지고 있다고 느낀 적이 있나요? 있다면 언제 느꼈나요?

2. 이 책에서 정말 말도 안 된다고 생각한 부분은 어디였나요?

 이 책과 비슷한 책은 무엇이 있을까요?

〈몸속이 궁금해〉 믹 매닝, 브리타 그랜스트룀 지음, 서울교육 펴냄

〈갈아입는 피부〉 조은수 글, 아이세움 펴냄

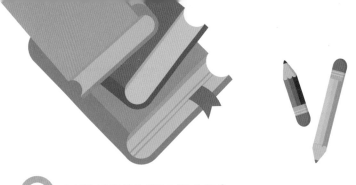

나는 나, 너는 너!

종일 기분이 좋습니다. 학교에서도 집에서도 기분이 좋아 콧노래까지 흥얼거렸지요.

"너 왜 그러냐? 혹시 뭐 잘못 먹었냐?"

오빠는 히죽거리며 나를 놀립니다. 하지만 어쩐 일인지 그런 오빠마저도 귀여워보이지 뭐예요?

조금 있으려니 아빠와 엄마도 물어봤습니다.

"우리 새나, 시험 백 점 맞았어? 아니면 상이라도 타니?"

아휴, 우리 부모님은 나를 몰라도 너무 모른다니까요! 백 점은 뭐고, 상은 또 뭐래요? 하늘이 두 쪽 나도 그런 일은 절대 없다는 걸 잘 알면서 말예요.

아무튼 나는 기분이 좋아 거실 바닥에 엎드려 일기를 썼습니다.

사실 일기 숙제가 밀려 3일 치나 써야 했거든요.

그런데 다시 이상한 일이 벌어졌지 뭐예요! 내 손이 너무도 자연스럽게 움직이는 거예요. 그렇게 머리를 쥐어짜내도 생각나지 않던 일들도 생각나고요.

맞아요, 그저께는 현수와 싸웠습니다. 현수가 나를 놀렸거든요.

글쎄, 나더러 기린이라지 뭐예요? 다리나 목이 길어 기린이라고 한 것이 아니라 혓바닥이 길어 기린이라나요!

그리고 어제는 아빠와 함께 빙그레 마트를 다녀왔습니다. 아빠는 신발을 사고, 나는 도다리 목줄을 샀습니다.

신기합니다. 어떻게 이렇게 기억이 생생할 수가 있지요?

아, 그런데 오빠가 밖으로 나가고 있습니다. 이상한 모자와 망토를 두르고요. 옷장에 저런 옷이 있었나? 아니면 정말 자기가 어린 왕자라고 믿고 있나?

어쨌든 저도 오빠를 따라 밖으로 나갔습니다.

오빠는 여기저기를 두리번거리며 산으로 올라갔습니다. 가로등은 하나도 없고 이상한 새 울음소리만 가득했습니다. 온몸이 오싹 떨렸습니다. 손도 덜덜 떨리고요. 그리고 보았습니다. 오빠가 검은 옷을 입은 남자에게 커다란 보따리를 받는 광경을요.

게다가 오빠는 이상한 말도 했습니다.

"수고하십시오. 그리고 우리의 일은 비밀입니다. 이 비밀이 세상에 알려지면 나도 새나의 목숨도 위험해집니다."

헉, 이건 또 뭔 소리래요? 나는 죽어라 도망쳤습니다. 몇 번을 넘어졌지만 마치 귀신이나 도깨비에게 쫓기는 사람처럼 달렸습니다.

집으로 오니 거실도 방도 환했습니다. 대신 아빠와 엄마가 보이지 않았습니다. 그리고 오빠가 거실 한가운데 턱하니 앉아 나를 보며 씩 웃고 있었습니다.

"오, 오빠 언제 왔어?"

"왜, 기다렸어?"

"아, 아니 그런 건 아니고."

"너, 아까 실실 웃고 있더라. 일기도 쓱쓱 아주 잘 쓰고?"

"응, 나도 모르게 오늘은 그렇더라고."

오빠는 순간 나를 쓱 째려보았습니다. 그러고는 뒤에 감추었던 보따리를 꺼내 들었습니다.

"뭐, 뭐야?"

나는 보따리를 본 순간 소리를 치고 말았습니다.

"응, 이건 기억을 없애 주는 마법의 보따리야. 이 보따리를 푼 순간, 네 기억은 몽땅 날아갈 거야. 어때 멋지지 않아?"

"아, 안 돼!"

오빠는 보자기를 활짝 풀었습니다. 그리고 그 순간 내 기억은 먹물처럼 캄캄해졌습니다.

나는 어둠 속에서 울었습니다. 이미 일기장에는 아무 것도 남지 않았습니다. 기억이 사라졌으니 일기장에 뭐가 남았겠어요?

그때 다시 오빠가 나를 불렀습니다.

"야, 일어나! 엄마가 밥 먹으래! 네가 뭐 잠자는 공주라도 된 줄 아냐?"

나와 주인공
비교해
보기란?

책을 읽다 보면 주인공과 내가 비슷하다고 느낄 때가 많
지? 나와 비슷한 또래라면 더욱 그렇게 느껴지고 말이야.
그럴 때는 주인공과 내가 얼마나 닮은 점이 많은지, 다른
점은 또 어떤 것이 있는지를 생각해 보면 재미있어. 집안
환경부터 학교 친구들, 선생님, 겉모습, 취미나 성격 같은
걸 생각해 볼 수도 있단다.

새나가 쓰는 독서록

날짜	5월 10일
책 제목	꿈의 다이어리
지은이	이미옥
출판사	시공주니어
제목	꿈은 신 나는 것

　내 기억이 몽땅 날아가는 아찔한 꿈을 꾸고 난 다음에 하은이를 만났다. 정확히 말하면 하은이가 주인공인 〈꿈의 다이어리〉였지만 말이다. '얘도 우리 오빠처럼 꿈에서 뭔가를 잃어버렸나?' 했는데 생일 선물로 다이어리를 받았단다. 아니, 할 게 없어서 생일 선물로 다이어리를 한단 말이야? 그런데 읽다 보니 다이어리가 그냥 수첩이 아니라 꿈을 기록하는 특별한 수첩이었다. 하은이네 엄마는 하은이가 미용사나 가수가 된다고 했을 때 무조건 반대를 했다. 그런데 꿈이 없다고 하니 또 뭐라 하신다.

　솔직히 말하면 어이가 없다. 도대체 어른들이 생각하는 꿈이란 무엇일까? 우리 엄마는 내 얘기를 참 잘 들어 주고 존중해 주는 편이라서 하은이가 더 불쌍하게 여겨졌다. 그래도 나중에는 캐릭터 디자이너가 되겠다는 꿈을 인정해 줘서 다행이다. 우리 집에는 고모가, 하은이네 집에는 이모가 폭탄처럼 떨어진 게 비슷해서 처음에는 낄낄거렸다.

그런데 하은이네 이모는 일류대를 나온 똑똑한 사람이지만 옥탑방으로 이사를 가게 만들었기 때문에 우리 고모가 훨씬 낫다고 생각했다. 앞으로는 잘해 줘야지. 그리고 하은이처럼 나도 꿈의 다이어리에 이렇게 적을 계획이다.

'꿈은 신 나는 거다. 그리고 꿈은 희망이다.'

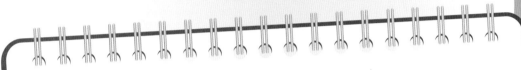

꼬꼬리 생각 쑥쑥, 이런 생각은 어때요?

1. 하은이는 지금 가진 캐릭터 디자이너라는 꿈을 계속 꾸게 될까요? 하은이가 이것 말고 다른 꿈을 꾸게 되는 건 안 좋은 일일까요? 왜 그렇게 생각하나요?

2. 어른들은 왜 꿈을 꾸지 않는 걸까요? 어른들이 꿈을 꾸려면 뭐가 필요하다고 생각하나요?

 이 책과 비슷한 책은 무엇이 있을까요?

〈레오의 특별한 꿈〉 정소현 글, 노란상상 펴냄

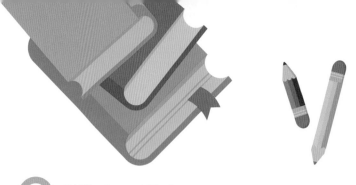

나도 칭찬받고 싶어요!

아빠와 함께 작은아버지 댁에 놀러 왔습니다. 작은아버지 집은 무척 넓습니다. 아마 우리 집 두 배는 되는 것 같습니다.

"우아, 거실이 무슨 운동장 같아!"

나는 매번 올 때마다 이렇게 감탄하지요. 그러면 오빠가 조그맣게 속삭입니다.

"야, 우리 집이 작은 거야! 작은아버지 집이 큰 게 아니고!"

어쨌거나 작은아버지는 넓은 집에서 예쁜 작은어머니와 사촌 동생 선우아 살고 있지요.

선우는 이제 돌을 지나 막 걷기 시작했습니다. 얼마나 귀여운지 모릅니다. 그래서 우리 가족은 선우를 볼 때마다 서로 안으려고 난리를 치지요.

하지만 작은아버지는 선우를 안지 못합니다. 잠잘 때를 빼고는 늘 휠체어를 타고 계시기 때문이지요. 그래서 작은아버지는 선우를 다른 사람들처럼 번쩍 안아 올리지도 못하고 또 데리고 놀지도 못합니다.

누군가의 도움이 있어야만 선우를 안을 수 있고 또 선우를 만질 수 있지요.

아빠는 작은아버지 이야기를 할 때마다 늘 마음이 아프다고 하십니다. 하나밖에 없는 동생이 장애를 갖고 있기 때문이지요.

작은아버지는 공부를 무척 잘했다고 합니다. 게다가 얼굴도 잘생겨 인기도 많았고요. 그런데 대학생이 된 뒤 엠티를 갔는데 그곳에서 사고가 났다고 합니다. 글쎄, 높은 벼랑 밑으로 떨어졌다는 거예요.

그 뒤 작은아버지는 다리를 쓸 수 없게 되었습니다. 다행히 지금은 결혼도 하고 아기도 낳았지만 우리 가족은 늘 걱정이지요. 특히 할머니는 작은아버지 이야기만 하면 눈물을 흘리신답니다.

"너, 왜 작은아버지네 집이 넓은지 알아?"

오빠가 물었습니다.

"왜긴, 작은 집 보다는 넓은 집이 좋잖아."

나는 아무렇지도 않게 대답했습니다.

"그게 아니라, 작은아버지는 휠체어를 타시잖아. 그래서 다른 사람들보다 움직임이 크기 때문에 일부러 넓은 집으로 이사 온 거야. 좁은 집은 휠체어가 다니기 불편하잖아."

"아, 그런 깊은 뜻이 있었구나!"

옆에서 우리 이야기를 듣던 작은어머니가 물었습니다.

"그럼 왜 우리 집 벽마다 긴 봉이 설치되었는지 아니?"

이번에는 나도 자신 있게 대답했습니다.

"그것도 작은아버지를 위한 것이 맞지요? 봉이 있으면 잡고 일어서기 편하잖아요!"

작은어머니는 칭찬 대신 내 머리를 쓰다듬어 주었습니다.

나는 속으로 작은어머니가 대단한 사람이라고 생각했습니다. 나라면 장애를 가진 사람과 결혼할 수 없을 거라 생각했기 때문이지요.

돌아오는 차 안에서 나는 다시 물었습니다.

"오빠, 작은어머니는 작은아버지를 정말 많이 사랑하시나 봐. 그러니까 작은아버지랑 결혼하셨지."

"당연하지. 사랑 없이는 불가능한 일이지. 사랑은 위대한 거야!"

오빠는 고개를 끄덕이며 대답했습니다.

그러고 보니, 우리 반에도 지현이란 친구가 있습니다. 눈이 동그

란 지현이는 자폐를 가지고 있지요. 그래서인지 아무도 지현이에게 관심이 없습니다. 당연히 사랑이란 감정도 생길 수 없지요.

언젠가 아빠가 한 말이 생각났습니다.

"장애를 극복할 수 있는 방법은 하나밖에 없단다. 주변 사람들의 관심과 사랑이야. 장애를 가진 사람이 가족이든 아니면 다른 누군가라도 우리는 같은 마음을 베풀어야 해. 그래야만 함께 사는 사회를 만들 수 있어."

칭찬 카드
만들기란?

　어버이날이 되면 친구들이 가장 많이 하는 게 바로 부모님이 쓸 수 있는 쿠폰 만들기야. 설거지하기, 구두 닦기, 안마해 드리기, 뽀뽀해 드리기 같은 게 가장 많지. 책 속 등장인물들에게도 이런저런 이유로 칭찬을 받을 만하다는 걸 쿠폰처럼 만들어 주는 게 칭찬 카드 만들기야.

새나가 쓰는 독서록

날짜	5월 18일
책 제목	나보다 어린 우리 누나
지은이	베티나 옵레히트
출판사	푸른숲주니어
제목	서로 사랑하니까 가족이지.

나보다 어린 우리 누나

얀 ♥

두 살 많지만 지능은 두 살 어린 리자 누나를 항상 이해해 주고 누나 편에서 생각해 주고 사랑해 준 일과 부모님에게 사랑을 받고 싶었을 텐데도 잘 참은 것을 칭찬합니다.

말콤 ♥

사람이 아니라 앵무새이긴 하지만 얀의 친구가 되어 말도 걸어 주고 대답도 잘해 주고 얀이 심심할 때는 수수께끼도 잘 내 준 것을 칭찬합니다.

엄마 ♥

친구도 없이, 자신의 일도 하지 못하고 하루 종일 리자를 보살펴 주고 사랑해 준 일을 칭찬합니다.

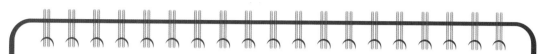

꼬꼬리 생각 쑥쑥, 이런 생각은 어때요?

비장애인이 장애인들과 함께 잘 지낼 수 있으려면 어떻게 하는 것이 좋을까요?

 꼬꼬리 지식

리자 누나를 시설에 보낸 것에 대해 어떻게 생각하나요? 잘못된 걸까요?

📖 이 책과 비슷한 책은 무엇이 있을까요?

〈롤프에게는 장애가 있는 동생이 있어요〉 슈테판 겜멜 글, 한울림스페셜 펴냄

〈경민이의 아주 특별한 친구〉 윤수천 글, 북스토리아이 펴냄

생각은 꼬리에 꼬리를 물고

오빠가 종일 컴퓨터 앞에 앉아 있습니다. 그 좋아하는 책도 안 보면서요.

대체 무엇이 오빠 눈과 마음을 사로잡은 걸까요? 역시나, 오빠는 여행 사이트를 보고 있었습니다.

오빠는 내년에 배낭여행을 떠나기로 했습니다. 물론 내가 책 백 권을 읽으면 나도 함께 떠나지요. 아휴, 생각만 해도 신이 납니다. 책 백 권을 읽어야 하는 괴로움이 있긴 하지만요.

"오빠, 여행지 알아보는 거야? 그런데 언제 떠날 거야? 목적지는 정했어?"

재잘대는 내 목소리가 따가웠는지 오빠는 인상을 찌푸리며 말했습니다.

"책이나 열심히 읽으시지! 그리고 내가 어디라고 말하면 그곳이 어딘지 알기나 할까?"

기가 막혔습니다. 하나밖에 없는 동생을 어린아이 취급하는 것도 모자라 무식한 아이로 보고 있으니까요!

"오빠!"

"오빠 어디 안 간다."

"오빠는 내가 그렇게 우스워?"

"너 재미없어. 그런데 뭐가 우스워?"

"좀 친절하면 안 돼?"

"나야 늘 친절하지. 너무 많은 것을 바라지 마라. 안 그래도 여행 계획 때문에 머리가 아프니까."

오빠 옆에는 여러 권의 책이 쌓여 있었습니다. 모두가 여행에 관련된 책이었지요. 궁금했습니다. 어차피 나도 가지 않겠어요? 무슨 일이 생겨도 책은 꼭 읽고 말 테니까요.

"오빠, 궁금하니까 나한테만 살짝 이야기해 주면 안 돼?"

"뭘 살짝 이야기해, 중요한 일도 아닌데. 우선 첫 번째 목적지는 이탈리아야. 너도 알지? 오빠가 이탈리아 좋아하는 거?"

"응, 알지. 그래서 오빠가 피자랑 파스타 엄청 좋아하는 것도!"

"그래, 난 우선 이탈리아 남부에 있는 폼페이 유적지를 찾을 거야. 2,000년 전에 화산으로 인해 도시 하나가 멸망한 곳이지."

깜짝 놀랐습니다. 화산이 뭐라고 도시 하나를 멸망시켰을까요?

"화산이 도시 하나를 꿀꺽 삼켰다고?"

"그래, 누가 봐도 훌륭하고 아름다운 도시를 건설했지만 화산 앞에서 산산조각 나고 말았지. 인간의 꿈은 하늘을 치솟지만 자연과는 대적이 되지 않는다는 이야기지."

지진, 태풍 혹은 홍수로 인해 도시가 피해를 입었다는 소리는 들었습니다. 하지만 화산 때문에 큰 피해를 입었다는 소리는 아직 들어 보지 못했습니다. 화산에 대해 아는 것도 별로 없지요.

"그런데 오빠 무섭지 않아? 화산이 다시 폭발하면 어떡해?"

"지금은 옛날이 아니잖아. 물론 지금도 화산이 위험하지만 과학이 발달했잖아. 미리 예방 정도는 할 수 있다고."

"오, 그렇구나!"

갑자기 여행 대신 '화산'에 대한 이야기가 궁금해졌습니다. 학교에서도 배우긴 했지만 조금 더 자세히 알고 싶었지요.

"오빠, 화산에 관한 책 없어?"

"네가 웬일이냐? 스스로 책을 찾아 읽으려 하고?"

"헤헤, 그래야 나도 백 권 채울 거 아니야!"

"그럼 그렇지!"

오빠는 씩 웃으며 책 한 권을 내밀었습니다. 그리고 다시 한마디 덧붙였지요.

"오빠는 널 믿는다! 백 권 파이팅!"

마인드맵이란?

    생각의 지도라는 뜻을 가지고 있어. 떠오르는 대로 정리하는 방법을 말하지. 무엇에 대해 생각할 건지 주제어를 먼저 정해 놓고 그물을 엮듯 주렁주렁 매다는 거야.

    책을 읽고 마인드맵을 할 때는 책 제목을 주제어로 정해 둔 뒤, 몇 가지 중요한 것을 가지를 삼아 다시 그 가지에 잎을 달듯 자세한 설명을 해 주면 돼. 물론 이렇게 정리하면 한눈에 훤히 보이겠지?

새나가 쓰는 독서록

날짜	5월 21일
책 제목	별똥별 아줌마가 들려주는 화산 이야기
지은이	이지유
출판사	미래아이
제목	나도 화산 구경 가고 싶다.

화산

- 용암 : 가스가 빠져나간 마그마

- 마그마 : 돌과 가스가 함께 녹은 것

- 유황 연기 : 황과 일산화탄소로 생물이 근처에 살 수 없다.

- 수증기 : 땅 속 마그마가 스며든 빗물을 끓여서 다시 땅 밖으로 내놓을 때 생긴다.

- 분화구 : 화산 밑에 고여 있던 마그마가 산꼭대기에 구멍을 뚫고 솟아오를 때 생긴 구멍

- 칼데라 : 고여 있던 마그마가 다 나오고 나면 산이 무너지면서 생긴 분화구보다 더 큰 구멍

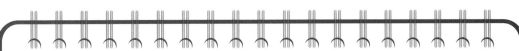

꼬꼬리 생각 쑥쑥, 이런 생각은 어때요?

1. 우리나라에서 화산이 폭발한다면 무슨 일이 생길까요?

2. 화산이 있어서 좋은 점과 나쁜 점을 정리해 본다면?

📖 이 책과 비슷한 책은 무엇이 있을까요?

〈화산이 왈칵왈칵〉 애니타 개너리 글, 주니어김영사 펴냄

〈화산과 지진〉 신현정, 함석진 글, 웅진주니어 펴냄

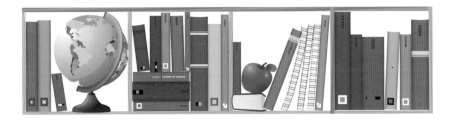

13 우리 가족과 비교하여 쓰기

우리 가족을 소개합니다!

신 나는 토요일입니다. 윽, 그런데 아침부터 비가 부슬부슬 내리고 있습니다.

영지가 한숨을 푹 쉬며 말했습니다.

"어쩔 수 없지 뭐! 오늘은 공원 말고 집에서 놀자!"

결국은 영지와 함께 영지네 집으로 갔습니다.

영지는 외동딸입니다. 그래서인지 가끔 영지는 나를 부럽게 쳐다보며 말합니다.

"나도 오빠나 언니 아니면 동생이 있으면 좋겠어! 혼자는 조금 외롭거든."

그러면 나도 킥, 웃으며 말합니다.

"네가 몰라서 그래. 너 우리 오빠 봤지? 잘난 척하는 거? 그리고 틈만 나면 날 얼마나 괴롭히는지 알아? 넌 복 받은 거야. 알아?"

그래도 영지는 우리 가족이 부럽다고 합니다. 대체 무엇이 부러운지 모르겠지만 난 들은 척 만 척하지요.

집에 들어가니 영지 아버지가 신문을 읽고 있었습니다. 대기업에 다니고 있는 영지 아버지는 늘 바쁩니다.

나는 조그만 소리로 물었습니다.

"너희 아빠 웬일로 집에 계시네? 토요일마다 바쁘시잖아."

영지는 한번 아빠를 쓱 보고는 대답했습니다.

"비 오잖아. 그래서 골프 약속이 취소되었다나?"

아, 생각해 보니 영지 아버지는 골프를 무척 좋아합니다. 영지 말로는 '골프'에 '골' 자란 말만 나와도 눈이 반짝반짝 빛이 난다네요.

영지 아버지는 우리들의 인사를 받고는 다시 신문을 보셨습니다. 또 점심때 짜장면을 시켜 먹자는 영지 어머니 말에도 고개만 한번 까닥 했을 뿐입니다.

순간 나는 영지 아버지가 동상 같다는 생각이 들었습니다.

만약 우리 집이었다면 난리가 났을 겁니다. 탕수육도 시켜라, 난 짬뽕이 좋다……. 뭐 이러면서요.

하긴, 우리 아빠는 좀 수다쟁이지요. 특히나 가족과 함께 있을 때는

더욱 그렇습니다.

하지만 영지 아버지는 꼼짝도 하지 않았습니다.

더욱 놀란 건 짜장면을 먹으면서도 영지 아버지는 골프 채널만을 뚫어져라 보았습니다.

난 궁금해져 영지에게 조용히 물었습니다.

"너희 아빠는 원래 저렇게 말씀이 없으셔? 아니면 화나신 거야?"

영지는 아무렇지도 않게 말했습니다.

"매일 저 모습이셔. 말도 별로 없으시고 웃지도 않으시고 또 우리가 뭐라고 말을 시키면 귀찮대. 그래서 우리도 말 안 시켜."

세상에나, 가족끼리 어떻게 그럴 수 있지요? 그것도 세 식구밖에 안 되는데 말이지요.

"넌 아빠가 저러시면 화 안 나?"

"화가 왜 안 나니? 그런데 어떡해? 아빠는 회사일 때문에 피곤하다고 하시는데."

회사일로 피곤하면 집에서도 말을 하지 않나요? 그럼 우리 아빠도 말을 하지 않아야겠네요?

"그래도 아빠랑 이야기도 하고 놀러도 가고 그래야 하지 않을까?"

116

"싫어. 그리고 이건 비밀인데……. 난 그냥 다른 아빠가 우리 아빠였으면 좋겠어."

그 순간 생각나는 책이 한 권 있었습니다. 며칠 전 오빠가 내 책상에 올려놓은 책이었지요.

'맞아, 어떤 아이도 아빠를 바꾸고 싶어 했지. 그것도 금붕어 두 마리와 말이야.'

우리 가족과 비교하여 쓰기란?

책 속 등장인물이 내가 알고 있는 누군가와 비슷하다고 느껴 본 적 없어? 반대로, '어, 이 사람은 나랑은 정반대네?' 하고 생각했던 적은 없니? 다들 한번씩은 있을 거야. 책 속에 나오는 사람들을 우리 가족과 비교해 보면 어떤 점이 다른지, 어떤 점이 비슷한지 잘 알 수 있어서 재미있어. 습관이나 생김새, 잘하는 행동 등을 살펴보고 비슷한 점, 다른점을 정리해 보렴.

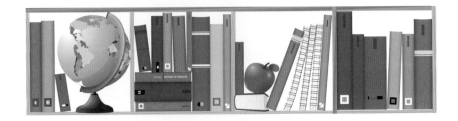

새나가 쓰는 독서록

날짜	5월 31일
책 제목	금붕어 2마리와 아빠를 바꾼 날
지은이	닐 게이먼
출판사	소금창고
제목	우리 아빠는 절대로 못 바꿔!

　세상에! 어떻게 아빠를 금붕어랑 바꿀 생각을 했을까? 나라면 절대로 못한다. 아니, 안 할 거다. 우리 아빠처럼 좋은 아빠는 없으니까 말이다. 생각해 보면 여기 나오는 주인공 나단은 나랑은 전혀 안 닮았지만 여동생은 우리 오빠랑 비슷하다. 고자질은 안 하지만 사사건건 간섭하는 건 어쩜 그렇게 닮았는지…….

　나단의 아빠는 매일 신문만 본다. 그런데 금붕어 2마리, 전기 기타, 고릴라 가면, 토끼로 바뀌는 동안에도 계속 신문만 본다. 애들하고 말도 안 하고 재미있는 놀이도 안 하니 모두가 바꿀 생각을 한 것 같다. 우리 아빠는 다르다. 나와 이야기도 많이 하고 함께 게임도 자주 한다. 나단의 아빠는 얼굴이 안 나왔지만 아마도 신문과 닮은 얼굴을 하고 있을 것 같다.

엄마는 비슷하다고 해야 하나? 아빠를 다시 찾아오라고 한 걸 보면 아빠를 좋아하는 것 같다. 그런 점은 비슷하다. 우리 엄마도 아빠를 좋아하니까. 나단이 나중에 여동생을 또 뭔가로 바꾸고 싶어 하는 것 같은데 나도 우리 오빠를 바꿔 보고 싶다. 같이 놀기도 하고, 속 깊은 이야기도 함께 나눌 수 있는 예쁜 언니로 말이다. 뭐 오빠에게는 조금 미안하지만 나도 때론 오빠가 밉다. 그럼 오빠는 어떨까? 흐흐!

 이 책과 비슷한 책은 무엇이 있을까요?

〈아빠는 내가 고를 거야〉 김해우 글, 푸른책들 펴냄

〈꼬리 감춘 가족〉 정유선 글, 샘터사 펴냄

꼬꼬리 생각 쑥쑥, 이런 생각은 어때요?

1. 우리 가족 중에서 누군가를 바꾼다면 무엇과 바꾸고 싶은가요?
   그 이유는?
2. 나단이나 아빠의 행동에 대해 판단을 내려 주세요.
   잘한 점과 잘못한 점이 뭘까요?

꼬꼬리 지식

어린이 여러분은 '종이(paper)'란 말이 어떻게 생겨났는지 아세요?

    종이의 어원은 파피루스(papyrus)라고 전해집니다. 약 5,000년 전부터 고대 이집트에서는 나일 강 유역에서 자라는 파피루스라는 풀의 줄기 안쪽을 얇게 벗겨 그 위에 글을 새겼다고 하네요. 종이를 영어로 '페이퍼', 독일어로 '파피에르', 스페인 어로 '파펠'이라고 하는 것 역시 모두 '파피루스'에서 유래된 것이지요.

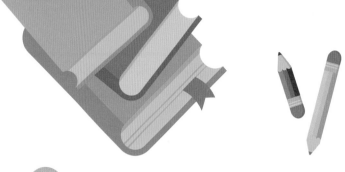

세상은 요지경!

일요일은 참 평화롭습니다. 늦잠을 자도, 좋아하는 텔레비전을 봐도 엄마에게 혼이 나지 않습니다. 다만, 너무 지나치면 안 됩니다.

그런데 오늘은 낮잠을 자도 너무 많이 자 버리고 말았습니다. 그래서 밤 9시, 10시가 지나도 눈이 말똥말똥하네요.

침대 위에서 한참을 뒤척거리다 주방으로 갔습니다.

앗, 그런데 오빠가 베란다 앞에 서 있네요. 하늘을 빤히 쳐다보면서요. 나는 기쁜 마음에 쪼르르 달려 나갔습니다.

"오빠도 안 자?"

오빠도 씩 웃으며 대답했습니다.

"이 아름다운 밤에 잠이 오니?"

사방을 두리번거렸습니다. 무엇이 아름답다는 거지? 사방은 캄캄

했습니다. 보이는 것이라고는 가로등이 켜진 한적한 골목길이 전부였지요.

"오빠, 꿈 꿔? 뭐가 아름답다는 거야?"

"그래, 난 꿈을 꾸고 있을지도 몰라."

"무슨 소리야?"

"저기, 저 하늘을 봐. 별이 너무 아름답지 않니?"

"그래서 오빠 별 찾아서 가려고? 오빠가 진짜 어린 왕자라고 착각하는 거야?"

나는 터져 나오는 웃음을 참을 수가 없었습니다. 오빠 표정은 황홀하다 못해 심각했지요.

"난 정말 궁금해. 저 하늘 위는 어떤 곳일까 하고……. 넌 궁금하지 않니?"

"과학책에 몽땅 나와 있잖아. 오빠는 책을 그렇게 보면서도 몰라?"

"참나! 넌 저 별을 보면서도 아무 생각이 안 들어?"

이번에는 나도 하늘을 뚫어져라 올려다보았습니다. 그런데 조금 있으려니 목도 아프고 눈도 아팠습니다.

그런데 꾹 참고 계속 그러고 있자니 작은 무엇인가가 눈에 들어왔습니다. 그것은 아주 작은 별이었는데 밝은 별에 가려 아주 조그맣게

빛이 났지요.

"사람들은 지구에 살면서도 우주를 늘 상상하지. 저곳에는 무엇이 있을까, 또 저곳에는 어떤 생명체가 살고 있을까 하면서 말이야. 그래서 세상에 많은 사람들이 우주와 별에 관해서 많은 노래와 이야기를 썼지."

"나도 알아. 〈어린 왕자〉란 책! 그거 무척 유명한 책이잖아. 어린 왕자가 이 별, 저 별을 돌아다니면서 여행하는 이야기……"

오빠는 고개를 끄덕이면서 내 머리를 쓰다듬었습니다. 그러자 내 마음도 이상하게 푸근해졌습니다. 아마도 오랜만에 하늘을 봐서 그럴까요?

생각해 보니, 하늘을 본 지도 오래되었습니다. 그것도 저렇게 별이 빛나는 밤하늘 말이에요.

오빠는 슬그머니 책 한 권을 보이며 말했습니다.

"너 기차 좋아하지? 그럼 이번에는 은하철도 여행을 떠나 보는 건 어때?"

나는 깜짝 놀랐습니다.

"그런 여행도 있었어? 그런데 왜 지금 말해! 어서 빨리 책 줘!"

오빠는 다시 내 손을 잡으며 말했습니다.

"좋았어. 그럼 다녀온 소감 꼭 적기다! 알았지?"

시공간 배경 바꿔 쓰기란?

　간단히 말하면 옛날 일을 현재 일어난 일로, 다른 나라에서 일어난 일을 우리나라에서 일어난 일로 바꾸는 것처럼 시간과 공간을 바꾸는 걸 말해. 거꾸로 현대에서 벌어지는 일인데 옛날로 바꾸거나 우리나라에서 일어난 일을 외국에서 일어난 일로 바꾸는 것도 좋지. 꼭 이렇게 거창하게 하지 않아도 학교에서 일어난 일을 집에서 일어난 일로 바꾸거나 여름에 일어난 일을 겨울로 바꿔도 된단다.

새나가 쓰는 독서록

날짜	6월 5일
책 제목	은하철도의 밤
지은이	미야자와 겐지
출판사	여유당
제목	이젠 슬퍼하지 마.

　조반니와 캄파넬라가 은하철도를 타고 여행하는 아름다운 이야기에 반했다. 고깃배를 타고 떠나서 돌아오지 않는 아버지를 기다리는 조반니가 너무 불쌍했다. 이야기 배경을 바닷가에서 도시로, 지금 우리나라로 바꿔 보면 어떨까?

　영등포에서도 가장 복잡한 시장 골목에 사는 조반니와 캄파넬라는 친한 친구였지만 요 며칠 사이에 아주 서먹서먹해졌다. 학교에서 조반니가 발표할 때 틀린 답을 말했는데 캄파넬라가 친구들과 함께 비웃었기 때문이었다. 시장에서 축제가 열렸는데 외톨이가 된 조반니만 가 보지 못하고 식당을 하는 엄마를 도와 가게 문을 닫고 난 뒤에야 혼자 조용해진 시장 골목을 걸었다.

그때 갑자기 골목길이 반으로 쫙 나뉘면서 열차가 조반니 앞에 섰다. 탈까 말까 망설이고 있는데 기차 안에서 캄파넬라가 나와 조반니 손을 잡아 이끌었다. 둘은 은하로 가는 열차를 타고 이곳저곳을 다니면서 생전 처음 보는 아름다운 풍경에 감탄을 했다. 조반니와 캄파넬라는 다시 친하게 지내자고 약속을 하고 열차에서 내렸다.

사실은 캄파넬라가 물에 빠져 죽는다는 게 싫어서 이야기를 완전히 바꿔 버렸다. 캄파넬라가 살아서 조반니와 즐겁게 학교를 다니면 좋을 텐데……. 조반니, 캄파넬라는 먼저 저 먼 곳으로 떠났지만 슬퍼하지 마. 아름다운 곳에서 다시 만날 때까지 너도 열심히 살길 바란다.

꼬꼬리 생각 쑥쑥, 이런 생각은 어때요?

1. 은하철도가 있다면 어느 별에 가 보고 싶은가요? 왜 그곳에 가 보고 싶은가요?

2. 내가 간 별은 어떤 곳인지 상상해서 말해 보세요.

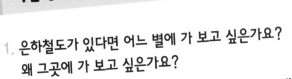 이 책과 비슷한 책은 무엇이 있을까요?

〈우주 호텔〉 유순희 글, 해와나무 펴냄

〈괴짜 할머니의 우주 비행〉 닉 왈드 글, 키다리 펴냄

꼬꼬리 지식

'시공간 배경 바꾸기'란 영화에서도 종종 볼 수 있습니다. 그만큼 이 방법을 통해 많은 이야기를 많이 만들 수 있단 이야기가 되겠지요. 또 이런 방법을 통해 어린이 여러분들도 무한한 상상력을 키울 수 있답니다. 자, 그럼 어떤 영화가 이런 기막힌 방법을 썼을까요?

◉ 클라우드 아틀라스

미국 / SF, 액션 / 2013년 1월 9일 개봉 / 감독 앤디 워쇼스키, 라나 워쇼스키

여섯 시대, 여섯 공간의 주인공들이 펼치는 SF 영화.

◉ 매트릭스

미국 / SF, 액션/1999년 5월 15일 개봉 / 감독 앤디 워쇼스키, 라나 워쇼스키

2199년, 인공 두뇌를 가진 컴퓨터가 다스리는 세계이지만, 매트릭스의 프로그램에 따라 평생 1999년의 가상 현실을 살아가는 인간들의 이야기.

◉ 백 투 더 퓨쳐

미국 / SF, 코미디 /1987년 7월 17일 개봉/ 감독 로버트 저메키스

스포츠카로 만든 타임머신을 타고 30년 전 과거로 돌아가 펼치는 흥미진진한 이야기.

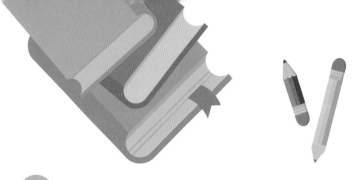

오늘은 내가 주인공이야!

우리 엄마는 멋쟁이랍니다. 운동복 하나를 입어도 세련되게 입지요. 그래서 사람들은 엄마가 부잣집 딸 혹은 패션에 관련된 일을 하는 줄 알지요.

하지만 엄마는 백화점 대신 시장에서 옷 사는 것을 더 좋아합니다. 일도 패션에 관련된 일이 아닌 유치원 선생님이지요.

게다가 엄마는 고향이 시골입니다. 그런데 아빠한테 시집을 온 뒤 바뀌었다고 합니다. 촌스러운 시골 처녀가 세련된 아주머니로요!

그럼 엄마는 콧방귀를 뀌면서 말하지요.

"흥, 나 좋아하는 남자가 얼마나 많았는지 알아요? 그리고 내가 공부만 더 했으면 파리에 가서 패션을 공부했을 거예요."

맞아요, 엄마는 뭘 하든 감각이 있습니다. 옷을 입어도 음식을 만들어도, 다른 사람들과는 다른 특별한 것이 있지요.

그러고 보니, 엄마는 돌아가신 외할아버지와 많이 닮았습니다. 외할아버지는 시골에서 면장을 하셨는데, 밀짚모자 하나를 써도 멋들어지게 쓰셨다지요.

엄마 기분이 우울해 보입니다. 고향에 내려가지 못해 그런지도 모릅니다. 오늘이 외할아버지 제사거든요.

엄마에게 다가가 물었습니다.

"엄마, 제사 못 가서 속상하세요?"

엄마는 빙긋 웃으며 대답했습니다.

"속상한 건 아니고……. 우리 새나 외할아버지 생각이 많이 나서 말이야."

나는 궁금했습니다. 외할아버지는 어떤 분이셨을까? 그리고 엄마는 외할아버지에게 어떤 딸이었을까?

"엄마는 외할아버지 어떤 모습이 가장 기억에 남아요?"

"다 남지, 내가 기억하는 모든 것들……. 하지만 그중에서도 하나 잊을 수 없는 것이 있어."

"그게 뭐예요?"

이번에는 엄마 앞에 바짝 앉았습니다.

엄마는 가만가만 이야기를 시작했습니다. 목소리가 얼마나 작은 지 귀를 활짝 열어야 했습니다.

그러니까 엄마가 열 살 때였습니다. 서울에 사는 고모에게 생일 선물로 받은 시계를 그만 엄마가 잃어버렸다고 합니다. 그것도 논 두렁을 건너다 시커먼 웅덩이에 빠뜨렸다지요.

웅덩이는 깊은 것도 모자라 더러웠지만 외할아버지는 우는 엄마를 위해 웅덩이 속을 헤집고 다녔다고 합니다. 한 시간도 아닌 또 하루도 아닌 꼬박 일주일을 넘게 말이지요.

그리고 드디어 시계를 찾은 날, 엄마는 외할아버지 가슴에 안겨 엉엉 울었다고 합니다. 글쎄, 할아버지 발이 물에 퉁퉁 부은 것도 모자라, 거머리에게 물려 온통 시뻘겠다는 거예요.

"엄마, 그런데 할아버지 장화 없어요? 그거 신으면 되잖아."

"장화야 있지. 그런데 장화 신으면 발에 감각이 없어서 시계를 찾을 수 없을 것 같더래. 그래서 맨발로 들어가신 거야. 그리고 결국 발가락에 걸린 시계를 찾아 나에게 주셨어."

이번에는 엄마 눈이 퉁퉁 부어 있었습니다.

솔직히 나도 눈물이 찔끔 났습니다. 며칠 전에 읽은 책도 생각났지만, 외할아버지가 이 세상에 안 계시다는 사실이 너무도 슬펐기 때문이지요.

주인공이 되어
생각하기란?

"입장 바꿔 생각해 봐!" 가끔 어른들이 이런 말을 하는 걸 들은 적 있을 거야. 네가 나라면 어떻게 행동했을까? 네가 나라면 어떤 생각을 했을까? 이런 고민들을 해 보면 상대방을 훨씬 더 이해하게 되거든. 책 속 주인공의 입장이 되어 생각해 본다면 주인공이 왜 그런 말을 하고, 왜 그런 행동을 했는지 알기가 쉽겠지?

새나가 쓰는 독서록

날짜	6월 10일
책 제목	다섯 시 반에 멈춘 시계
지은이	강정규
출판사	해와나무
제목	이젠 네 마음 이해할 수 있어.

　"그러게, 왜 남의 물건을 함부로 갖고 다녀?" 인규가 옆에 있다면 이런 말을 해 주고 싶었다. 그 시계를 찾기 위해 며칠씩이나 역전 똥통을 퍼낸 아버지도 참 대단한 분이고 꼭 그래야 한다고 옆에서 도와준 할머니도 멋지다. 요즘은 수세식이니까 변기에 빠뜨렸다고 해도 건져 낼 수 있으니 다행이지만, 만약에 내가 변기에 소중한 물건을 빠뜨렸다면 나도 인규처럼 아팠을 것 같다. 물론 아무 말도 못한 채 말이다. 우리 엄마도 어렸을 때 웅덩이에 시계를 잃어버렸다고 한다. 그래서 외할아버지도 맨발로 시계를 찾기 위해 웅덩이에 들어가셨다. 그 무서운 거머리에 물려 가면서 말이다. 어쩌면 이렇게 똑같은 경험을 하셨을까?

　처음에는 인규의 마음을 이해했다. 얼마나 멋져 보였을까? 나 같았어도 그 시계를 차고 싶었을 것이다. 하지만 그 시계를 빌리지 않았다면 아버지도 고생 안 하셨을 테고, 인규도 안 아팠을 것이다. 앞으로는 내 물건도, 다른 사람의 물건도 소중하게 생각할 거다. 인규 같은 실수는 안 할 거야!

꼬꼬리 생각 쑥쑥, 이런 생각은 어때요?

1. 인규가 한 말이 거짓이 아니라는 걸 증명할 또 다른 방법은 없었을까요?

2. 소중한 물건을 잃어버렸을 때 나는 가족들에게 솔직히 말할 수 있나요?

 이 책과 비슷한 책은 무엇이 있을까요?

〈아빠의 수첩〉 양태석 글. 주니어김영사 펴냄

〈사춘기 가족〉 오미경 글. 한겨레아이들 펴냄

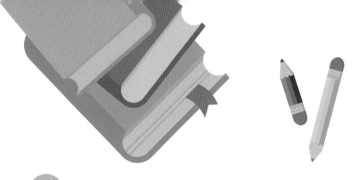

16 그림으로 그려 보기

쓱싹, 쓱싹, 오늘은
어떤 그림을 그릴까?

"새나야, 넌 혈액형이 뭐야?"

학교에 가니, 지영이가 쪼르르 달려와 물었습니다.

나는 대답 대신 물었습니다.

"왜?"

지영이는 내 앞에 책 한 권을 꺼내 놓았습니다.

무슨 책이지? 눈을 뜨게 뜨고 책 제목을 읽었습니다.

〈혈액형으로 보는 당신의 성격〉

우아, 이런 책도 있었네요? 나는 지영이와 함께 책을 읽기 시작했
습니다. 책 안에는 재밌는 그림도 많아 지루하지 않았지요.

결국 난 지영이에게 책을 빌려 집에 왔습니다. 엄마, 아빠, 오빠에게 성격을 말해 주기 위해서지요.

"오빠, 혈액형 A형이지? 내가 오빠 성격 말해 줄까?"

나는 으스대며 오빠 앞으로 다가갔습니다. 그런데 오빠도 궁금한지 고개를 끄덕였습니다.

"네가 내 성격을 안다고? 어디 한번 말해 봐."

"자, 그럼 말한다. 잘 들어! A형 1. 복잡한 걸 즐긴다. 2. 참을 수 없을 땐 심하게 망가진다. 3. 웃음 뒤에 숨겨진 무기가 있다. 4. 당황하면 이성을 잃는다……. 생각해 봐. 오빠 화나면 장난 아니잖아. 책 읽는 거 방해하면 막 소리 지르고! 맞지? 그래서 별명도 미친 왕자 잖아!"

"스톱!"

"왜 그만하라고 해! 내가 족집게처럼 잘 맞춰서 창피해?"

"뭐? 족집게? 기가 찬다, 기가 차!"

오빠는 손을 들며 소리를 질렀습니다. 그러고는 서재에 가서 책 한 권을 내밀며 말했습니다.

"흥, 너 혈액형에 관한 책 읽었구나! 그런데 그 책보다 더 재밌는 것이 이 책이야. 아마 이 책을 읽으면 과학자란 소리를 들을지도 몰

라. 여기서 더 많이 유식해진다는 이야기지. 알지? 너 무식한 거!"

"뭐라고? 내가 무식하다고?"

화가 났습니다. 무식하다는 소리는 정말 듣기 싫거든요! 그런데 이 책을 읽으면 과학자 소리를 들을 수 있다고요? 게다가 피에 관한 이야기가 있다는 소리에 귀가 활짝 열렸습니다.

"참, 이 책은 드라큘라도 좋아할지 몰라. 피에 대한 무궁무진한 이야기가 담겨 있거든."

이번에는 설거지를 하던 엄마가 물었습니다.

"세상에 너 거짓말하는 거 아니지? 대체 무슨 책이기에 드라큘라가 좋아하니?"

그림으로
그려 보기란?

　이런 방법은 주로 과학책을 읽은 다음에 사용하면 좋아.
복잡한 것도 그림으로 그려 보면 문장으로 설명하는 것보
다 훨씬 이해가 쉽게 되거든. 내가 꼭 알고 싶었던 것을 한
가지 골라서 그림으로 그리고 설명을 곁들여 주면 되는데,
어떤 친구들은 이런 식으로 정리하는 게 좋아서 아예 작은
그림책으로 만들기도 하지.

새나가 쓰는 독서록

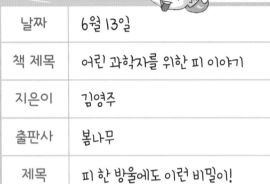

날짜	6월 13일
책 제목	어린 과학자를 위한 피 이야기
지은이	김영주
출판사	봄나무
제목	피 한 방울에도 이런 비밀이!

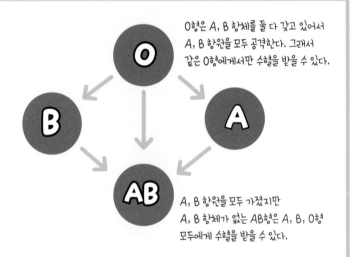

O형은 A, B 항체를 둘 다 갖고 있어서 A, B 항원을 모두 공격한다. 그래서 같은 O형에게서만 수혈을 받을 수 있다.

A, B 항원을 모두 가졌지만 A, B 항체가 없는 AB형은 A, B, O형 모두에게 수혈을 받을 수 있다.

역시 그림은 쉽다. 어려운 문제도 그림으로 그려서 풀이하면 머리에 쏙쏙 들어온다. 그런데 나만 그런가?

그리고 피 한 방울에도 이렇게 많은 비밀이 있는 줄 몰랐다. 공기만큼 중요한 피! 생각해보니 세상에는 무엇 하나 소중하지 않은 것이 없다.

꼬꼬리 생각 쑥쑥, 이런 생각은 어때요?

1. 내 몸에 피가 없다면 무슨 일이 일어날까요?
2. 그런데 피는 왜 빨간색일까요? 만약 빨간색이 아니라 검은색이거나 노란색이라면 어떨까요?

📖 이 책과 비슷한 책은 무엇이 있을까요?

〈도와줘요, 아리송송 박사님! 심장이 터질 것 같아요〉 허은실 글, 스콜라 펴냄

〈신기하고 오싹한 피 이야기〉 탄야 로이드 키 글, 아카넷주니어 펴냄

17 등장인물 별명 지어 주기

재밌는 별명, 내 손에 맡겨 봐!

오늘은 아침부터 바쁩니다. 아빠는 대청소를 하고 엄마는 음식을 만드느라 정신이 없지요. 토요일 아침부터 무슨 일이냐고요? 시골에서 할머니가 올라오거든요.

게으른 아빠가 청소를 도맡아 하니 대단하지요! 그만큼 할머니가 무섭다는 이야기지요. 물론 내게는 한없이 좋은 분이에요.

"어머니, 식당도 바쁘실 텐데 어떻게 올라오셨어요! 오시는데 힘드셨죠?"

엄마는 할머니를 보자마자 손을 잡으며 말합니다. 할머니도 엄마를 보고 웃으며 대답했지요.

"괜찮다, 저번에 네가 보내 준 보약 먹고 몸이 많이 좋아졌어. 그리고 우리 손자손녀 볼 생각에 얼마나 신이 나던지!"

엄마는 할머니를 끔찍하게 생각합니다. 할머니도 엄마를 좋아하지요. 엄마는 늘 이렇게 말합니다.

"너, 할머니가 얼마나 존경스러운 분인지 알지? 힘들게 추어탕 장사를 하시면서도 늘 불우 이웃을 도우시잖아. 저번에 가서 봤지? 매주 수요일은 가난한 이웃을 위해 무료로 추어탕을 대접하는 거?"

맞습니다, 할머니는 청주에서 추어탕 음식점을 하지요. 한꺼번에 백 명이 넘게 식사를 할 수 있다고 하니 아주 큰 식당 맞지요? 그곳에서 할머니는 추어탕을 끓입니다. 잠잘 때를 빼고는 추어탕을 만드느라 고생이 많지요.

한번은 할머니에게 물어보았습니다.

"할머니, 왜 힘들게 번 돈을 사람들에게 써요? 그리고 공짜로 백 그릇을 넘게 주면 손해잖아요."

그때 할머니는 이렇게 말했습니다.

"새나야, 사람 욕심은 끝이 없단다. 그리고 내가 번 만큼 나눠야 한단다. 그래야 모두가 잘살 수 있어. 나 혼자 잘살면 뭐 하니? 재미없어."

이해는 되지만 조금은 어려운 말입니다. 하지만 할머니는 늘 웃고 있습니다. 걱정이 없는 사람 같습니다.

큰집 추어탕

조금 있으려니 오빠가 학교에서 돌아왔습니다. 오빠는 할머니를
보자마자 달려가 꼭 껴안습니다.

"할머니, 난 할머니가 너무 좋아요!"

오빠는 어린애처럼 말합니다.

할머니도 오빠 머리를 쓰다듬으며 묻습니다.

"그래? 왜?"

"왜긴요, 할머니처럼 훌륭한 분이 없잖아요. 할머니를 보면 굶주

146

린 백성을 살린 사업가 김만덕 할머니가 생각나서요."

"아이고, 할머니가 그 정도는 아니야."

할머니는 손사래를 치지만 행복한 얼굴로 웃습니다.

그런데 김만덕이 누구지? 또 우리 할머니와 비교되는 분은 대체 누구지?

궁금한 마음에 오빠에게 물어보았습니다. 그러자 오빠는 그럴 줄 알았다는 얼굴로 대답했지요.

"여성으로 태어난 것을 기쁘게 받아들이신 분이지. 또 꿈을 당당히 이뤄 낸 분이고. 그리고 여자와 남자는 평등하다는 것을 알리셨어. 어때, 멋지지? 이 책을 읽어 봐. 그럼 왜 우리 가족들이 할머니를 존경하는지 알게 될 거야. 물론 할머니처럼 멋진 분들도 많이 만날 수 있지."

등장인물 별명
지어 주기란?

　친구들끼리 부르는 별명을 생각해 봐. 별명만 들어도 그 친구 모습이 저절로 떠오르잖아. 책에 나오는 사람들도 가만히 살펴보면 각자가 지닌 특징이 있기 마련이야. 어떤 사람은 밥을 많이 먹고, 어떤 사람은 노래를 아주 잘 부르고, 어떤 사람은 힘이 세고, 어떤 사람은 운동을 잘 하고, 어떤 사람은 남을 도와주길 좋아하고……. 이렇게 등장인물이 가진 특징을 살펴보고 그것에 알맞은 별명을 지어 주는 방법을 말해.

새나가 쓰는 독서록

날짜	6월 15일
책 제목	여자는 힘이 세다 – 한국편
지은이	유영소
출판사	교학사
제목	정말 멋진 여자들

　이 책에 나오는 사람들 중에 명성황후와 조수미는 텔레비전에서도 몇 번 보아서 알고 있었지만 최승희, 최은희, 정정화, 박에스더, 이태영이라는 이름은 처음 들어 보았다.

　차례에 보면 이 분들을 소개하는 작은 제목들이 붙어 있는데 그것도 좋지만 내가 별명을 하나씩 붙여주면 의미가 있을 거라고 오빠가 말했다. 친구들 별명은 토끼, 탐정, 돼지, 점박이 같이 짧은 게 많은데 이 사람들한테 별명을 붙이려니까 조금 긴 것이 좋겠다는 생각이 들었다. 재미는 있지만 어려워서 오빠와 함께 만들어 봤다.

신무용을 개척한 전설적인 무용가인 최승희는 '조선의 풍물을 담아 낸 무용가', 우리나라 최초의 여기자인 최은희는 '여권이라는 말을 등장시킨 여기자', 상하이 임시 정부의 잔다르크인 정정화는 '늦게 뛰어들었어도 멋진 독립운동가', 사랑을 실천한 우리나라 최초의 여의사 박에스더는 '귀신같은 솜씨를 지닌 여의사', 온몸으로 조국을 지킨 비운의 국모 명성왕후는 '힘없는 나라의 왕비', 불평등에 맞서 싸운 우리나라 최초 여성변호사인 이태영은 '가족법을 고친 의지의 여인', 한국이 낳은 세계적인 소프라노 조수미는 '자신을 이겨낸 완벽한 가수'라고 지어봤다.

나는 이중에서 이태영이 제일 멋진 것 같다. 무엇이든 자신감을 갖고 열심히 노력하는 게 중요하다는 걸 다시 한번 깨달았다. 나도 우리나라 최초라는 제목을 달 수 있는 멋진 여자가 되고 싶다.

 이 책과 비슷한 책은 무엇이 있을까요?
〈5000년 한국 여성 위인전〉 신현배 글, 홍진P&M 펴냄

꼬꼬리 생각 쑥쑥, 이런 생각은 어때요?

1. 왜 작가는 '여자는 힘이 세다'라고 제목을 지은 걸까요?

2. 책 속에 등장하는 여자들 중에서 누가 가장 힘이 센 사람이라고 할 수 있을까요? 왜 그렇게 생각하나요?

꼬꼬리 지식

어린이 여러분은 세상에서 '가장 많이 팔린 책'이 어떤 책인지 혹시 알고 있나요? 그 책은 다름 아닌 '성경(bible)'이라고 합니다. 성경이란, 그리스도교를 믿는 사람에게 하나님이 하신 약속의 말씀을 담은 경전을 말하지요. 그리고 성경은 무려 1,735개의 언어로 번역이 되어, 전 세계로 보급이 되었으며 1815년에서 1975년까지 약 25억 권이 만들어졌다고 합니다.

때론 시인도 좋아요!

엄마는 가끔 아빠에게 이런 말을 합니다.

"잘 참는 것도 대단하지만 어쩔 때 보면 미련해 보여요!"

이 말은 아빠가 무척 참을성이 많다는 이야기지요.

하긴 아빠는 몸이 아파도 말하지 않습니다. 물론 슬픈 영화를 보면서도 울지 않지요. 이유를 물으면 이렇게 대답합니다.

"사나이가 울면 쓰나! 남자는 울면 안 돼! 그리고 아파도 참을 줄 알아야 해! 왜? 사나이니까!"

물론 아빠가 좋아하는 일은 무척 즐거워합니다. 예를 들면, 이틀 연속 세수를 하지 않는 것을 무척 자랑스러워하지요.

"밖에 나가지도 않는데 세수는 뭐 하러 해! 그리고 물도 절약할 수 있으니 얼마나 좋냐?"

컥! 아빠는 참을성도 많지만 게으르기도 하거든요. 아빠 자랑 중 하나가 뭔지 아세요?

"새나야, 아빠가 총각 때 혼자 여행을 간 적이 있거든! 그런데 도중에 칫솔을 잃어버린 거야. 그래서 그냥 일주일을 버텨보았지. 무엇을? 흐흐, 일주일 동안 양치 안 하기!"

이렇게 말하고 아빠는 싱긋 웃습니다. 남들이 보기에 우리 아빠는 무척 친절한 아저씨입니다. 또 얼굴도 잘 생기셨지요. 하지만 이렇게 지저분하면서도 게으르다는 건 모르겠지요?

그럼 저는 어떠냐고요? 슬프게도 저 또한 아빠를 닮았습니다. 많이는 아니지만, 조금은요. 그래서 저는 오늘도 참고 있습니다.

무엇을 참고 있냐고요? 사실은 충치 때문에 고생하고 있거든요. 또 이상하게도 낮에는 안 아프다가 밤만 되면 아파 죽을 것만 같습니다.

사실은 치과에 가는 것이 싫어 참았습니다. 아빠는 사나이라서 참았지만 전 치과가 너무 무섭거든요.

오빠는 치과에 가는 내내 기분이 좋습니다. 나는 너무 무서워 심장이 벌렁거리는데 말이지요.

"오빠는, 내가 치과에 가는 것이 그렇게 좋아?"

"아니, 그냥 콧노래 부른 건데!"

여전히 오빠는 아무렇지도 않은 얼굴로 대답을 합니다.

"나, 어떡해! 정말 도망가고 싶단 말이야!"

"으이구, 그러니까 초콜릿 좀 적당히 먹지!"

"흥, 그런 오빠는 책만 읽어 시력이 안 좋잖아!"

"뭐라고?"

절망하고 있는 사이, 치과 앞에 도착하고 말았습니다. 마치 순간 이동을 한 것 같다니까요.

오빠는 악마처럼 낄낄 웃으며 말했습니다.

"자, 이제 도착했다! 준비 되었나? 수박씨 뽑을 준비?

"뭐가 수박씨야?"

"어제 읽은 책 생각 안 나? 네 썩은 이가 수박씨지!"

"그, 그럼 내 수박씨는 몇 개쯤 될까?"

"흐흐, 개봉박두!"

동시 쓰기란?

시는 내가 생각하고 느낀 것을 아주 짧은 문장으로 표현하는 걸 말하지. 그렇다고 해서 무조건 짧다고 다 시가 되는 건 아니란다. 그 짧은 문장 속에 하고 싶은 말이 들어가야 하니까 어떻게 보면 가장 어려운 글쓰기가 바로 시 쓰기야. 책을 읽고 동시로 표현할 때는 우선 줄거리를 간략하게 정리한 다음 내 생각을 덧붙여서 쓰면 훨씬 쉽게 할 수 있지. 동시를 읽고 시를 쓸 경우에는 마음에 드는 시를 하나 정해 놓고 비슷하게 바꿔 보는 것도 가능해.

새나가 쓰는 독서록

날짜	6월 19일
책 제목	수박씨
지은이	최명란
출판사	창비
제목	내 이도 수박씨?

〈수박씨〉

아~함

동생이 하품을 한다

입 안이

빨갛게 익은 수박 속 같다

충치는 까맣게 잘 익은 수박씨

초콜릿 적당히 먹어

네 이도 수박씨야

오빠도 책 좀 그만 읽어

그러다가 눈이 단추 될라

꼬꼬리 생각 쑥쑥, 이런 생각은 어때요?

1. 가장 마음에 드는 시는 어떤 것이었나요?

2. 어떤 표현이 마음에 와 닿았나요? 나라면 어떻게 표현했을까요?

 이 책과 비슷한 책은 무엇이 있을까요?

〈마중물 마중불〉 정두리 글, 푸른책들 펴냄

〈한국 대표 동시 100편〉 박두순 엮음, 큰나 펴냄

이야기하면서 마음 통하기

　벌써 일 년 중 반이 지나갔습니다. 시간이 참 빠르지요? 그런데 걱정입니다. 책을 백 권 읽어야 여행을 갈 수 있거든요.

　아니, 사실은 욕심이 납니다. 6학년이 되기 전, 책 백 권을 꼭 읽고 싶습니다. 불가능한 일이라고요? 물론 작년까지만 해도 힘이 들었습니다.

　하지만 지금은 달라졌습니다. 책 읽는 즐거움을 조금 알았다고 할까요? 왜 오빠가 그렇게 책에 파고드는지도 알 것 같습니다. 책은 무궁무진한 세상을 보여 주거든요. 마치 제가 좋아하는 여행처럼 말이지요.

　오빠는 여행을 하면, 유럽에 있는 책 마을을 돌고 싶다고 했습니다. 보석처럼 구석구석 박혀 있는 책과 사람들을 만나고 싶다고요.

멋진 계획이지요?

나는 스위스에 꼭 가고 싶습니다. 텔레비전에서 스위스에 대한 이야기를 본 뒤부터 생각하게 되었지요.

텔레비전 속 스위스는 너무도 멋졌습니다. 알프스의 아름다운 봉우리 아이거, 뮌흐, 융프라우 등 세상은 온통 눈밭이었지요.

그리고 놀라운 사실 하나가 있는데……. 세상에나! 엄마가 알프스에서 스키를 타 봤다지 뭐예요!

오빠는 엄마 말을 듣고 놀렸습니다.

"엄마! '알프스'란 이름이 붙은 스키장에서 탄 걸 말하는 거 아니에요?"

엄마는 금세 얼굴을 붉히며 말했습니다.

"너 엄마가 거짓말 하는 거 봤니? 엄마가 결혼하기 전 독일에 갔었거든. 그때, 독일에서 여행을 하던 중 스위스를 간 거야. 독일에서 스위스가 가깝거든. 또 운 좋게 스키도 탈 수 있었고!"

더욱 신이 났습니다. 엄마가 갔다면 전 더더욱 가야 하지 않겠어요? 물론 스키도 배워야겠지요.

하지만 난 스키를 타지 못합니다. 더구나 지금은 6월인데 어떻게 스키를 배우겠어요. 작년 겨울, 엄마가 스키 캠프에 보내 준다고 했

을 때 가지 않은 것이 후회됩니다. 그땐 스키에 대해 관심이 없었거든요.

"너, 그렇게 스키가 타고 싶어?"

오빠가 물었습니다.

"당연하지! 꼭 스키를 배울 거야. 그래서 알프스에 가서 스키를 탈거야. 겁쟁이 엄마도 탔다고 하잖아. 그럼 나도 배울 수 있어!"

갑자기 힘이 불끈 솟았습니다.

"그럼, 나랑 오락실 가자."

"거긴 왜?"

"거기 가면 스키 탈 수 있어. 비록 오락이지만."

"뭐?"

우리는 함께 마주보며 웃었습니다.

"그게 싫으면 토냐를 만나보던가."

"토냐가 누구야?"

"응, 주근깨가 콕콕 박힌 아이지. 스키를 타고 온 동네를 돌아다니는 수다쟁이 꼬마 아가씨."

"오빠는 그 애를 어떻게 알아? 그리고 어디 살아? 또 스키를 타고 다닌다고?"

나는 쉬지 않고 질문을 퍼부었습니다.

"알프스 비슷한 동네에 살고 있어. 참, 그 아이는 정의롭기까지 하지. 생각해보니 너랑 좀 비슷한 것 같기도 하고……."

궁금한 것을 넘어 화가 났습니다.

"누구야? 빨리 말 안 해! 나 답답해 죽는 거 보고 싶어?"

인터뷰하기란?

특정한 목적을 가지고 개인이나 집단을 만나 정보를 수집하고 이야기를 나누는 일을 인터뷰라고 하지. 기자들이 취재대상과 이야기를 하는 경우가 많아서 뉴스에서 한두 번쯤은 본 적이 있을 거야. 내가 기자가 되어 책 속 등장인물을 대상으로 궁금한 것을 물어보고 그 대답까지도 직접 생각해 보고 쓰는 걸 말해.

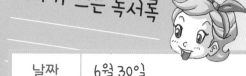

새나가 쓰는 독서록

날짜	6월 30일
책 제목	빨강머리 주근깨 토냐
지은이	마리아 파르
출판사	푸른나무
제목	반짝이는 계곡의 토냐

나: 안녕, 토냐? 난 한국에서 온 새나라고 해. 만나 보고 싶었어. 책을 읽으면 읽을수록 궁금한 게 많았거든. 계곡에 네 또래라고는 하나도 없고 군발트 할아버지와 많은시간을 보냈던데, 심심하지 않았니?

토냐: 응, 군발트 할아버지는 나한테 아주 특별한 분이거든. 내 대부이기도 하고 못하는 게 없는 분이셔. 양도 기르고 썰매도 잘 만드시지. 또 나를 아주 좋아해 주시니까 심심하진 않았어. 게다가 어른들처럼 이거 해라, 저건 하지 마라. 이런 말을 안 하시거든.

나: 군발트 할아버지 딸인 하이디가 집을 팔아버리겠다고 했을 때 나도 화가 나서 주먹을 불끈 쥐었어. 만약 하이디가 정말로 집을 팔아 버렸다면 어떻게 하려고 했어?

토냐: 하이디는 어른이니까 내가 어떻게 할 수 없겠지만 그래도 엄마, 아빠랑 의논해서 그 집을 다시 살 방법을 찾았을 거야. 군발트 할아버지한테 그 집은 아주 소중한 집이니까.

나: 반짝이는 계곡에 가면 나도 반겨줄 거지? 심술통 아저씨 대신에 하이디가 캠핑장을 운영하게 되었잖아? 캠핑장 이름을 어떻게 지을 거니?

토냐: 그야 당연히 반짝이는 계곡 캠프장이지. 제일 잘 어울리는 이름이거든. 물론 너도 놀러 올 거지?

나: 그걸 말이라고 하니? 누구든 나를 반겨주는 사람이 있다면 난 어디든 갈 거야. 참, 내 장래희망이 '여행가'야. 그러니까 난 어디든 갈 거야. 넓은 세상을 만나고 싶거든. 또 너처럼 멋진 친구도 사귀고 싶어. 토냐, 내가 갈 때까지 기다려 줄 거지? 반짝이는 캠프장에서 말이야!

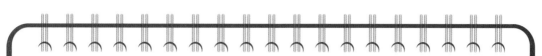

꼬꼬리 생각 쑥쑥, 이런 생각은 어때요?

1. 반짝이는 계곡 캠프장에 만약 아이들이 출입할 수 있었다면 토냐는 군발트 할아버지와 친하게 지내지 않았을까요?

2. 어른들이 볼 때 토냐는 말썽꾸러기입니다. 내 친구가 토냐 같다면 좋을까요?

3. 내가 반짝이는 계곡에서 살 수 있다면 어떤 일을 가장 먼저 할 것 같은가요

 이 책과 비슷한 책은 무엇이 있을까요?

〈어느 날 미란다에게 생긴 일〉 레베카 스테드 글, 갈대상자 펴냄

〈내 이름은 삐삐 롱스타킹〉 아스트리드 린드그렌 글, 시공주니어 펴냄

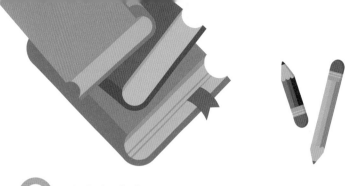

팡팡, 새롭게 떠올려 봐요!

우리 반에서 키가 가장 큰 가은이는 노래를 잘 부릅니다. 꿈이 가수라고 하니 알 만하지요?

성격도 얼마나 털털한지 몰라요. 친구들끼리 다툼이 일어나면 가은이가 나서서 해결하지요. 그럴 때 보면 꼭 언니 같다는 생각이 들기도 합니다. 그래서인지 여자든 남자든 모두가 가은이를 좋아하지요.

오늘은 가은이가 나와 영지를 집에 초대했습니다. 가은이 생일이거든요.

영지와 나는 준비한 선물을 가지고 가은이네 집에 갔습니다. 가은이네 집은 시장 한복판에 있었습니다.

가은이는 나와 영지를 데리고 작은 분식점 안으로 데리고 들어갔습니다. 가게 안으로 들어가자 작은 방이 보였습니다.

168

"자, 들어와. 여기가 우리 집이야."

가은이는 웃으며 방으로 우리를 안내했습니다.

"여기서 살아?"

영지가 먼저 물었습니다.

방은 지저분했습니다. 어묵 꼬치가 책상 위에 놓인 것도 모자라, 방 입구에는 커다란 떡볶이 봉지가 보였습니다.

조금 있으려니 한 아주머니가 들어왔습니다. 가은이 어머니였습니다.

"오느라 힘들었지? 아줌마가 맛있는 거 줄 테니까 조금만 기다려!"

아주머니는 웃으며 커다란 초콜릿 케이크를 가지고 들어왔습니다. 그다음에는 떡볶이와 어묵 그리고 순대를 작은 상에 놓았습니다.

"우아! 진수성찬이다!"

우리는 생일 축하 노래를 부른 뒤 정신없이 음식을 먹었습니다. 처음에는 초라한 가은이네 집을 보고 놀랐지만, 나중에는 아무렇지도 않았습니다.

나는 배가 불러서야 천천히 가은이네 집을 자세히 보았습니다. 방은 좁은데 액자가 많았습니다. 모두가 가은이네 가족 사진이었습니다.

우리는 벽에 걸린 사진을 보며 이야기꽃을 피웠습니다.

"가은아, 저긴 어디야? 설악산? 나도 설악산 갔었는데!"

"가은아, 저분이 아빠? 정말 잘생기셨다!"

"너희 아빠도 등산 좋아하시는구나. 우리 아빠도 등산 좋아하시는데……."

그런데 아빠 사진을 보는 가은이 얼굴이 조금 슬퍼 보였습니다.

나도 영지도 잠시 가은이 눈치를 보았습니다. 그러고 보니, 가은이는 아빠 이야기를 별로 하지 않았지요.

하지만 가은이는 금세 웃으며 말했습니다.

"우리 아빠, 나 2학년 때 하늘나라 가셨어. 오토바이 타고 가다가 사고 났거든. 그리고 병원에서 수술 받다가 우리랑 이별했어."

나도 영지도 가만히 가은이를 바라보았습니다. 명랑하기만 한 가은이에게 아빠가 없을 거란 생각은 하지 못했지요.

"왜, 내가 이런 말 하니까 이상해?"

다시 가은이는 웃으며 말했습니다.

"아니야, 괜찮아. 그런데 너무 슬퍼하지 마. 우리들이 있잖아. 또 엄마도 계시잖아."

우리는 가은이를 보며 말했습니다.

집에 돌아와서도 가은이 생각이 계속 났습니다. 또 '죽음'에 대한 생각도 했습니다.

생각하기도 싫지만 또 언젠가는 생각해야 될 문제라는 생각이 들었습니다.

삼행시
짓기란?

삼행시는 앞머리 글자를 따서 말이 되도록 문장을 만들어 가는 걸 말해. 예를 들어 '가은이'라는 제목이 있다고 하면 이렇게 하는 거지.

가: 가은이네 집에 있는

은: 은 목걸이는

이: 이 세상을 떠난 아빠의 유품이다.

제목에 따라 삼행시나 사행시, 오행시가 되기도 해. 글자수를 따라가는 거거든. 주의할 점은, 삼행시라고 해서 대충지으면 안 되고 책 내용이 잘 드러나도록 신경을 써야 한다는 점이란다. 어때, 재밌겠지?

새나가 쓰는 독서록

날짜	7월 5일
책 제목	아빠 보내기
지은이	박미라
출판사	시공주니어
제목	민서야, 힘내

아: 아빠가 떠난 자리를

빠: 빠져 나오지 못하는 민서 엄마

보: 보내 줘야 한다는 걸 알잖아요.

내: 내가 도와드릴게요.

기: 기운 내세요.

아빠를 간암으로 보낸 민서와 민서 엄마를 보면서 나도 마음이 아팠다. 가은이 생각도 많이 났다. 특히, 민서 엄마가 아빠 셔츠를 빨아서 물이 뚝뚝 떨어진 채로 베란다 난간에 널어 두는 걸 보는데 너무 불쌍해서 엉엉 울었다. 그래도 다행인 건 7층 할머니가 텃밭 가꾸는 걸 권해줘서 민서 엄마가 좋아졌다는 점이다. 우리 가족 중에 누군가가 내 곁을 떠나 버린다면 나도 민서 엄마처럼 행동할 것 같다. 모두가, 오래오래 함께 행복하게 살았으면 좋겠다. 사랑하는 누군가를 떠나보내는 일은 모두에게 슬픈 일이기 때문이다.

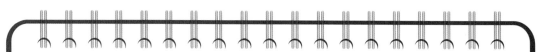

꼬꼬리 생각 쑥쑥,
이런 생각은 어때요?

1. 가족 중 누군가가 우리 곁을 떠난다면 어떤 느낌일까요?

2. 내 주위에서 누군가를 떠나보낸 적이 있나요? 그때 느낌이 어땠나요?

 이 책과 비슷한 책은 무엇이 있을까요?

〈작별 인사〉 구드룬 멥스 글, 시공주니어 펴냄

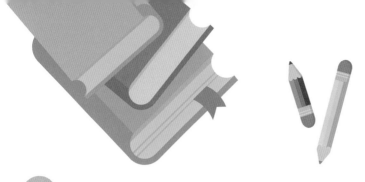

21 사건 일지 정리하기

매서운 형사의 눈으로!

점심을 먹었지만 아직도 배가 고픕니다. 엄마 말대로 내 뱃속에는 거지가 사는 걸까요? 나도 영지도 수업이 끝나기만을 기다렸습니다. 학교 앞 도란도란 분식집에서 떡볶이를 먹기로 했거든요.

그런데 현수도 같이 먹자고 조릅니다. 현수는 다 좋은데 잘난 척이 심하지요.

"공부? 우리 아빠가 그러셨어. 인생에서 공부가 제일 중요한 건 아니라고! 그리고 내 얼굴이야 할리우드 배우 뺨치지! 물론 너희들 생각도 나랑 같지?"

잘난 척을 넘어 왕자병에 걸린 현수랍니다. 그래도 영지는 현수를 좋아합니다. 착하다나요? 또 자긴 착하면 뭐든 용서할 수 있다고 합니다.

우리들은 학교 수업이 끝나자마자 분식점으로 달려갔습니다. 그러고는 가장 좋은 자리에 척 하고 앉아 소리쳤지요.

　"아주머니, 떡볶이 3인분이랑 순대 주세요. 참 튀김은 오징어랑 고구마 두 개씩 주세요!"

　"야, 홍새나, 너만 입이냐? 난 김말이도 먹을 거야. 아줌마, 김말이도 두 개 주세요!"

　"맞아, 새나야. 저번에 현수가 초콜릿도 줬잖아. 그리고 오늘은 내가 낼 테니까 많이 먹어. 나 작은아버지한테 용돈 탔거든!"

　현수와 나는 포크를 들고 동시에 외쳤습니다.

　"우아, 영지 최고!"

　이상합니다. 어찌 된 일인지 떡볶이는 아무리 먹어도 질리지 않습니다. 영지와 현수도 나와 똑같은 모양입니다. 아, 그러고 보니 김치도 그렇습니다. 또 피자, 치킨, 햄버거, 삼겹살, 불고기……. 생각해 보니 한두 개가 아닙니다.

　맞습니다, 엄마 말대로 난 먹보가 맞습니다.

　"어, 이상하다!"

　갑자기 영지가 소리쳤습니다.

　"왜, 무슨 일이야?"

현수와 내가 물었습니다.

"지갑이 없어. 분명히 학교에서 나올 때도 있었는데……."

영지는 하얗게 질린 얼굴로 울먹입니다. 글쎄, 지갑에 이만 원이 나 있었다고 하네요!

"영지야, 울지 마. 그리고 차근차근 말해 봐. 마지막으로 지갑을 본 시간이 몇 시였지?"

현수는 영지 어깨를 두드리며 말합니다. 아주 심각한 얼굴로 말이지요.

나도 가만있지 않았습니다. 우는 영지도 답답하지만 현수가 더 짜증이 났기 때문이지요.

"야, 그 시간을 어떻게 기억하냐? 그리고 넌 지갑 볼 때마다 시계도 같이 보냐?"

현수도 얼굴을 붉히며 말합니다.

"홍새나! 너 지금 얼마나 심각한 상황인지 몰라? 영지가 지갑을 잃어버렸잖아. 우리 예쁜 영지가 말이야. 또 이만 원이나 잃어버렸다고!"

"우리 예쁜 영지? 흥, 너 영지 좋아하냐?"

"지금 그게 중요하냐? 너 알지? 명탐정 홈즈! 이제부터 난 홈즈야. 무슨 일이 있어도 난 영지 지갑을 찾아 줄 거야. 그러니 조수인 새나는 내 지시를 잘 따르도록!"

"명탐정 홈즈? 조수?"

나는 기가 막혔습니다. 그리고 화가 나 소리치고 말았습니다.

"명탐정 홈즈는 아무나 되는 줄 알아? 우리는 그러니까 말이야. 에밀과 탐정이 더 어울린다고!"

우아, 나도 모르게 책 제목을 말했습니다. 옛날에는 읽는 책 내용도 제대로 기억하지 못했거든요.

사건 일지 정리하기란?

새나가 말했던 셜록 홈즈 시리즈나 너희들이 좋아하는 만화 〈소년 탐정 김전일〉처럼 사건을 해결하는 책을 읽고서 쓰기에 딱 알맞은 방법이야. 처음 벌어진 사건은 무엇이고 그걸 해결해 나가는 과정에서 무슨 일들이 생겼는지를 알기 쉽게 차근차근 적는 거야. 자, 준비 됐니? 너희들 손에 사건이 맡겨졌잖아.

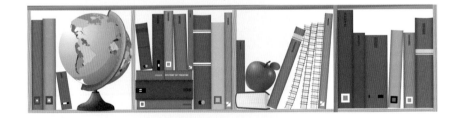

새나가 쓰는 독서록

날짜	7월 11일
책 제목	에밀과 탐정들
지은이	에리히 케스트너
출판사	시공주니어
제목	대단한 아이들

나도 에밀처럼 탐정이 된다면 영지 지갑을 잘 찾아 줄 수 있었을 텐데! 아니다, 에밀한테는 믿음직한 친구들이 많았다. 그럼 나도 현수를 조수로 쓸까? 돈을 잃어버렸는데도 당황하지 않고 자신의 돈을 찾기 위해 미행을 하는 에밀을 보니 현수 대신 이런 아이가 내 친구였으면 정말 좋겠다는 생각이 들었다. 물론 현수한테는 미안하지만 말이다.

그리고 에밀이 겪은 일이 영지와 내가 겪은 일 같아서 완전히 폭 빠져서 읽었다. 세상에는 비슷한 사건 사고가 많은가 보다. 또 나중에 영지한테 설명해 주려고 사건 일지도 만들었다.

에밀과 탐정들 사건 일지

㉠ 시골에 사는 에밀이 엄마가 주신 돈을 가지고 베를린에 사는
외할머니 댁에 심부름을 가기 위해 기차를 탔다.

㉡ 깜빡 졸다가 돈을 잃어버렸다.

㉢ 상대편에 앉은 아저씨가 의심스러워 따라 내렸다.

㉣ 아저씨를 미행하던 중에 구스타프라는 아이를 만나게 되고,
구스타프와 친구들의 도움을 받아 범인을 잡는다.

㉤ 경찰청에서 도둑이 은행에서 돈을 훔친 현상범이라는 것을
알게 되고, 현상금 1,000마르크도 받게 되었다.

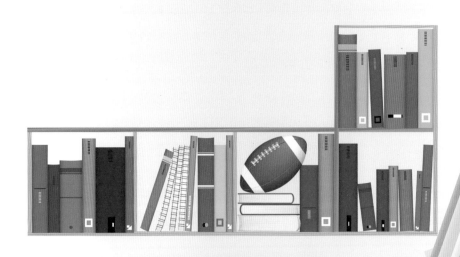

꼬꼬리 생각 쑥쑥, 이런 생각은 어때요?

1. 내가 에밀이라면 돈을 잃어버렸을 때 어떻게 행동했을 것 같나요?
2. 직접 범인을 찾겠다고 마음먹은 일에 대해 어떻게 생각하나요?

꼬꼬리 지식

책 중에서도 추리 소설을 좋아하는 친구들이 많지요? 그럼 유명한 추리 소설을 쓴 사람들은 누가 있을까요? 또 우리나라에는 최초의 추리문학 도서관도 있다고 합니다.

● 아서 코난 도일 (Arthur Conan Doyle)

스코틀랜드 에든버러에서 태어났습니다. 소설가이면서 의사인 그는 셜록 홈즈를 탄생시킨 영국의 대표 추리 작가입니다. 대표작으로는 《주홍색 연구》, 《네 개의 서명》 등이 있습니다.

● 애거서 크리스티 (Agatha Christie)

영국 소설가. 그녀가 창조해 낸 에르퀼 푸아로와 제인 마플은 대중적인 사랑을 받았으며, 그녀는 추리 소설 장르에서 주목받는 작가로서 추리 소설의 여왕이라 불

리고 있습니다. 또한 그녀의 작품은 영어권에서 10억 부 이상 팔렸으며 103개의 언어로 번역된 다른 언어판 역시 10억 부 이상 판매되어 기네스 세계 기록에 올랐다고 하네요. 또한 그녀의 희곡 〈쥐덫〉은 1955년 런던에서 초연된 이래 2012년 11월 현재까지 공연 중이랍니다.

◉ 추리 문학관

《여명의 눈동자》로 유명한 소설가 김성종이 1992년 사재로 마련한 추리 문학관으로 우리나라 최초의 추리 문학 전문 도서관입니다. 1969년 조선일보 신춘문예에 당선한 것을 계기로 등단한 작가는 1986년 추리 문학 대상을 수상하고 한국 추리 작가 협회 회장으로 활동하는 등 우리나라 추리 문학계에 커다란 발자취를 남겼습니다.

 이 책과 비슷한 책은 무엇이 있을까요?

〈사자왕 형제의 모험〉 아스트리드 린드그렌 글, 창비 펴냄

〈칠칠단의 비밀〉 방정환 글, 사계절출판사 펴냄

22 책 소개하기

저, 벌써 이만큼 읽었어요!

토요일 아침부터 시끄럽습니다. 대체 무슨 일이 생겼을까요?

평소 부모님 말씀이라면 무조건 오케이 하는 오빠가 징징거리는 소리를 내고 있습니다. 정확히 말하면 징징거리는 것이 아니라 항의를 하고 있습니다.

"엄마, 분명히 말씀하셨어요. 이번 달에 용돈 올려 주신다고요."

"너 아르바이트 하잖아. 그런데도 용돈이 부족해?"

슬쩍 보니, 엄마도 오빠도 심각한 얼굴입니다. 너무도 팽팽하게 긴장감이 흘러 감히 끼어들 수 없는 상황이랄까요!

"약속하셨잖아요. 그런데 왜 다른 말씀을 하세요?"

"약속은 했지. 하지만 한 달만 미뤄 달라는 얘기지. 너도 알다시피 이번 달에는 지출이 많았잖아. 결혼식도 두 건이나 있었고 할머니

할아버지 생신도 있었잖아. 며칠 뒤에는 제사도 있고…….”

사실 엄마는 오빠 용돈을 올려 주고 싶은 생각이 없었습니다. 왜 냐고요? 오빠는 스스로 열심히 용돈을 벌고 있거든요. 어쩌면 아빠 보다 부자일지도 몰라요. 아빠는 매일 엄마에게 용돈을 받아 쓰지 만, 오빠는 용돈도 받고 아르바이트를 해서 급여도 받거든요.

토라진 오빠에게 쪼르르 달려가 물었습니다.

“오빠는, 용돈을 더 받았으면 좋겠어?”

“그걸 말이라고 하니?”

오빠는 나를 째려보며 말했습니다.

“그 많은 돈으로 뭘 하려고? 책 사 보려고? 책은 도서관에도 많잖 아. 맞아, 오빠도 말했잖아. 도서관에 있는 책은 평생 읽어도 다 못 읽을 만큼 많다고.”

“바보야, 책도 책이지만 난 여행을 갈 거야. 그러니 여행 경비를 모아야지. 그리고 너도 같이 가기로 하지 않았어?”

그렇습니다. 책 백 권을 읽으면 오빠와 여행을 가기로 했었지요. 그러니 오빠를 응원해야겠지요?

그래도 오빠는 좀 심한 짠돌이입니다. 주머니에 돈이 들어가는 것 은 봤어도 나오는 것은 거의 보지 못했거든요.

"넌 오빠가 짠돌이라고 생각하지? 하지만 우리는 셈에 정확해야해. 그래야만 계획을 세워 살 수 있어. 말하자면 수학을 잘해야 된다는 소리지."

나는 좀 이해가 되지 않았습니다.

"수학이 그렇게 중요해? 그리고 수학이라면 시험에서나 중요한 거 아니야?"

어느새 오빠는 킥킥거리며 웃고 있었습니다.

"참……. 너다운 소리다."

"내 말이 어때서?"

"넌 용돈 계산할 때만 수학이 필요하다고 생각하지?"

"응. 그런데 아니야?"

"너 이건 알아? 지구 무게가 얼마나 되는지? 또 1초의 길이는 지구가 정한다는 사실을!"

아휴, 복잡합니다. 대체 무슨 소리지요?

"너 큰일이다. 어쩜 수학에 대해 그렇게 모르냐? 과학자며 경제학자들도 수학 없이는 아무 것도 못 해. 또 빌딩을 세우거나 로켓을 발사할 때도 수학 공식이 필요하지. 언어를 쓰듯 수학도 생활 곳곳에 쓰이고 있다는 소리야."

정말 그런가요? 솔직히 아직도 잘 모르겠습니다. 수학이 얼마큼 중요하고 또 어떤 방법으로 쓰이고 있는지를 말이지요.

"자, 그럼 이제 오빠가 수학에 관한 비밀을 알려 줄게."

"오, 마이 갓! 수학도 비밀이 있어?"

"그럼 너한테만 비밀이 있는 줄 알았냐?"

책
소개하기란?

책을 읽다 보면 누군가에게 읽으라고 권해 주고 싶을 때가 있어. 그럴 때 그냥 무턱대고 읽으라고 하면 읽고 싶은 마음이 안 들겠지? 왜 이 책을 읽으라고 하는 건지, 어떤 부분이 그렇게 좋은 건지, 무엇에 관한 책인지를 간단하게 소개를 해 주면 상대방도 읽고 싶은 마음이 들 거야. 그리고 좋은 책은 세상에 널리 알려야겠지?

새나가 쓰는 독서록

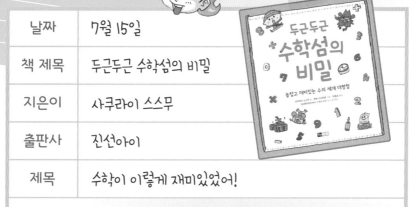

날짜	7월 15일
책 제목	두근두근 수학섬의 비밀
지은이	사쿠라이 스스무
출판사	진선아이
제목	수학이 이렇게 재미있었어!

영지야, 오늘은 내가 좋은 책을 한 권 소개해줄게. 책은 책인데 이 책을 읽으면 수학을 아주 잘하게 되는 멋진 책이야. 어때, 보고 싶지?

〈두근두근 수학섬의 비밀〉이란 책이야. 따분하게 수학 문제를 풀기만 하는 게 아니라 선원 애디랑 멀티, 서브라는 선장이 마술섬, 삼각섬, 이야기섬, 구구섬, 연속섬, 배수섬 이렇게 여섯 개의 섬을 탐험하면서 벌어지는 이야기를 담은 책이지.

그림도 만화 같아서 재미있어. 처음에는 수학을 싫어하는 나도 대충 이야기만 훑어봤지 뭐야. 그런데 읽다 보니까 수학 문제 푸는 것도 굉장히 재미있었어. 우리 오빠 말대로 표현하면 정말 '흥미진진'했다니까!

너, 115×115=13225 같은 문제를 단 5초 안에 풀 수 있어?

이 책을 읽으면 그것도 할 수 있어. 게다가 생일 맞추기 마술, 11을 곱하면 숫자들이 살아 움직이는 마술도 풀 수 있다구. 다 읽고 나면 숫자의 특징이 뭔지 잘 알 수 있어. 각 장마다 연습 문제가 있어서 앞에서 배운 수학 규칙을 다시 한번 정리하게 만들어 줘.

너한테 이걸 소개하고 있으니까 다시 보고 싶다. 그래, 우리 내일 만나서 거기 나온 수학 문제 같이 풀어 보자. 네가 싫다고 도망쳐도 할 수 없어. 이 책을 읽으면 분명 너도 이 책의 매력에 푹 빠질 테니까. 왜, 내가 거짓말하는 것 같아? 그럼, 이번 한번만 날 믿어 봐!

 이 책과 비슷한 책은 무엇이 있을까요?

〈수학 귀신〉 한스 마그누스 엔첸스베르거 글, 비룡소 펴냄

〈수학이 수군수군〉 샤르탄 포스키트 글, 주니어김영사 펴냄

꼬꼬리 생각 쑥쑥, 이런 생각은 어때요?

1. 이 세상에 숫자가 없었다면 어떤 일들이 벌어질까요?
2. 수학은 꼭 배워야 할까요?
3. 이 책에서 새롭게 알게 된 수학 규칙은 무엇인가요?

꼬꼬리 지식

어린이 여러분, 혹시 책을 읽어 주는 사람 '전기수(傳奇叟)'에 대해 알고 있나요?

전기수란 조선 말기, 직업적으로 사람들에게 소설을 읽어 주던 사람을 말합니다. 당시 백성들은 글자를 몰라 책을 읽을 수 없었지요. 때문에 글을 깨친 사람들 중에서 말솜씨가 좋은 이들이 저잣거리 같은 사람들이 많이 모이는 곳에서 책을 읽어 주었다고 합니다.

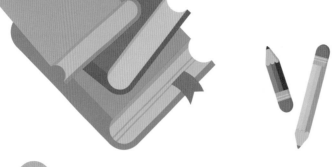

정돈된 마음으로 함께 쓰기

"벌써 일어났어?"

엄마는 일어나 책을 읽고 있는 나를 보고 깜짝 놀랐습니다. 하긴, 저도 놀랐습니다. 다른 날도 아닌 일요일 아침에 일어나 책을 읽고 있다니요!

"나도 모르게 눈이 떠졌어요. 어제 책을 읽다 이해되지 않는 것이 있었거든요. 아마 계속 그 생각을 했던 것 같아요. 그 문장을 이해하려고요. 그러다 보니 이렇게 일찍 일어났어요!"

나도 모르게 술술 이야기가 흘러나왔어요. 요즘은 자연스럽게 책이야기를 하며 내 의견을 말한다니까요!

"그래서 그 문장은 이해가 되었니?"

"아직……. 오빠는 한번만 읽고도 척척 이해하던데 나는 그게 쉽지 않아요. 머리가 나빠 그런가?"

내가 고개를 갸웃거리는 사이 오빠가 나왔어요.

"홍새나, 내가 무슨 천재냐? 나도 이해가 되지 않거나 모르는 문장은 몇 번씩 읽는다고!"

"정말?"

"당연하지! 책은 다독(多讀) 즉, 많이 읽는 것도 중요하지만 정독(精讀)도 중요하지. 그럼 정독이란 무엇이냐? 글의 뜻을 새기면서 자세히 읽는 것을 말해. 말 그대로 글의 참뜻을 바르게 파악한다는 뜻이야. 내가 하는 말, 어려워?"

"아니! 그러니까 오빠 말은, 천천히 뜻을 새기면서 읽으란 말이잖아."

이제 오빠는 고개를 끄덕이며 대답했습니다.

"그렇지! 한 권을 읽어도 제대로 읽으란 소리지!"

듣고 보니, 오빠 말이 맞습니다. 그동안 난 책 한 권을 읽어도 제대로 읽은 적이 없는 것 같습니다. 물론 좋아하는 책은 여러 번 읽었지만, 재미가 없다고 생각되는 책은 대충 읽었지요.

"오빠가 쭉 새나를 지켜보니까, 이제는 책을 좀 가까이하는 것 같아. 그 말은 여행도 갈 수 있게 되었단 소리지!"

"아직 백 권 못 읽었는데?"

"물론 백 권을 읽어야 여행을 갈 수 있지. 내 말은 그런 자세로 쭉 나가면 네 뜻대로 세계 여행을 할 수 있단 소리야. 어쩌면 견문기*도 쓸 수 있을 거야. 여행을 하다 보면 보고 듣고 하는 것이 얼마나 많아? 게다가 책도 많이 읽었으니 네 생각을 글로 옮길 수 있을 거야."

나는 너무도 좋아 폴짝폴짝 뛰고 싶었습니다. 내가 칭찬을 듣다니요! 그것도 책과 관련된 칭찬을 들으니 어깨가 들썩거렸습니다.

"10세에 글을 깨우치고, 20세에 첫 글을 짓고, 59세에 과거에 급제한 지식인 김득신 알지?"

"응, 지금 읽기 시작했어."

"처음에는 바보 도령이란 소리를 들었지만 나중에는 조선 최고의 시인이 되었어. 그럼 그는 어떻게 시인이 되었을까? 또 어떤 방법으로 공부를 하고 책을 읽었을까?"

"그거야 나도 모르지. 물론 지금 책을 읽으며 나도 고민에 빠졌지만."

"조선 최고의 다독가 김득신이 한 말이 있어. '스스로 한계를 짓

....

견문기(見聞記) 여행 따위를 하면서 직접 보고 들은 것을 적은 글

지 말라!' 어때? 뭔가 느껴지는 것이 없어?"

다시 한번 고개를 끄덕였습니다. 이제는 오빠의 말이, 김득신의 말이 가슴에 와 닿기 시작했거든요.

"그리고 '독서백편의자현(讀書百遍義自見)'이라는 말도 있어. 책을 백 번 읽으면 그 뜻을 훤히 알 수 있다는 뜻이야. 그러니 앞으로도 쉬지 않고 쭉 읽는 거야! 알았지?"

이상하게도 가슴 한 곳이 찡했습니다. 뭘까요? 지금 내가 감동을 받았단 소린가요? 그렇다면 이제 홍새나, 이대로 앞으로 달리기만 하면 되는 거지요?

줄거리와 느낌을
함께 쓰기란?

　독서록 쓰기 중 가장 흔하게 하는 방법이야. 책 내용을
간단하게 정리하고 책을 읽으면서 내가 느끼고 생각한 것
을 알맞게 버무려 쓰는 걸 말하지. 흔하다고 해서 쉽다는
뜻은 아니야. 줄거리만 왕창 쓴다든가 내 느낌과 생각만을
쓰면 균형이 안 맞으니까 편식하지 말고 골고루 써야 해.
이제 넌 독서왕이잖아!

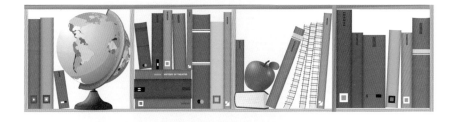

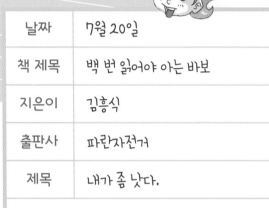

새나가 쓰는 독서록

백번 읽어야 아는
바보

날짜	7월 20일
책 제목	백 번 읽어야 아는 바보
지은이	김흥식
출판사	파란자전거
제목	내가 좀 낫다.

　같은 책을 백 번이나 읽어야 된다면 기분이 어떨까? 나 같으면 지겨워서라도 못 해냈을 것 같다. 김득신이라는 사람은 천자문도 잘 못 외워서 서당에서 쫓겨날 정도로 머리가 나빴다. 하지만 글이란 아무리 어려워도 읽고 또 읽으면 뜻이 통하기 마련이라는 아버지 얘기를 듣고 나서 이해가 될 때까지 책을 읽어 결국은 벼슬길에 오르게 된다.

　이 책은 어린 시절 김득신 곁에 있던 〈사서〉라는 책이 주인공이다. 책을 한번 읽으면 한 살을 먹는다는 것과 책을 너무 안 펼쳐 보면 책장끼리 붙어 면사랑이라는 병에 걸린다는 부분이 특히 재미있었다. 나도 책을 읽다가 잠시 화장실을 다녀오면 책장이 넘어갈 때가 있는데 그게 바로 책이 운동하는 거라고 해서 묘한 생각이 들었다.

　처음에는 나도 김득신처럼 내 방에 책이 몇 권 없었는데 오빠가 읽으라고 준 책들이 한 권씩 쌓여 제법 책꽂이가 그득해졌다. 이 책을 읽고 나서 책꽂이를 바라보니 서로들 다시 한번 읽어 달라고 손짓을 하는 것만 같다.

이해가 안 되는 건 아니지만 재미있어서 여러 번 읽었다는 작가 아저씨 말처럼, 나도 재미있었던 책을 다시 한번씩 읽어 봐야겠다. 책들아, 면사랑에 걸리지 않도록 해 줄게. 누가? 누구긴 누구야, 나 홍새나지! 물론 너희들도 나를 굳게 믿고 있겠지?

꼬꼬리 생각 쑥쑥, 이런 생각은 어때요?

1. 책을 다양하게 많이 읽는 게 좋다고 생각하나요, 한 권을 여러 번 읽는 게 좋다고 생각하나요?

2. 나는 한 권의 책을 몇 번씩 읽은 적이 있나요?

3. 모르는 걸 백 번씩 읽으면 정말 뜻을 알게 될까요? 왜 그런가요?

 이 책과 비슷한 책은 무엇이 있을까요?

〈독서 전쟁: 세종대왕 VS 링컨〉 이상배 글, 처음주니어 펴냄

〈책만 보는 바보〉 안소영 글, 보림 펴냄

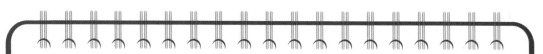

꼬꼬리 지식

어린이 여러분, 이제는 책 읽는 것에 재미를 느끼셨나요? 그럼 마지막으로 세계에서 유명한 도서관을 소개할까 합니다. 책은 서점에도 많지만 도서관에도 많지요. 자, 어떤 도서관이 있는지 함께 볼까요?

● 알렉산드리아 도서관(세계 최초의 도서관)

기원전 288년 이집트를 다스린 마케도니아 출신 프톨레마이오스 1세가 설립했습니다. 하지만 3세기경, 로마 군대와의 전쟁으로 인해 모두 잿더미가 되었지요. 그 뒤, 유네스코와 정부의 노력으로 2002년 1700여 년 만에 다시 문을 열게 되었답니다.

● 미국 의회 도서관(전 세계 최대의 지식창고)

수도인 워싱턴에 위치하고 있으며 1800년에 처음 생겼어요. 1850년대 남북전쟁이 일어나 많은 어려움을 겪기도 했지만 1865년 의회의 도움을 받아 다시 웅장한 건물로 태어났습니다. 그리고 지금은 장서 100만 권이 넘는 최초의 미국 도서관이 되었으며 1970년대 이후 해마다 소장 도서가 100만 권씩 늘고 있는 세계에서 가장 큰 도서관입니다.

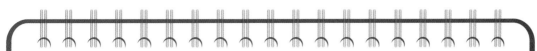

◉ 바티칸 도서관(현존하는 가장 오래된 도서관)

1309년에 바티칸에 세워진 가장 오래된 도서관입니다. 현재 장서 수는 160만 여 점이며, 많은 양의 필사본, 인쇄물 및 조판도 소장하고 있습니다. 특히 키케로의 '공화정 체제에 대하여'와 4세기 서사 '바티칸 본 성서'를 소장하고 있습니다.

◉ 국립 중앙 도서관(한국의 대표 도서관)

1945년 10월 15일에 국립 도서관으로 개관하였고, 1963년에 국립 중앙 도서 관으로 이름을 바꿨습니다. 국립 중앙 도서관은 650만여 권의 책과 방대한 자료 를 소장하고 있는 대한민국 국가 대표 도서관입니다.

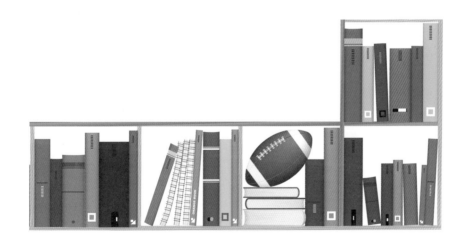